ビギナーのための
賢い家のつくり方

中古を買って、
リノベーション。

賢く、楽しく、
家をつくると
自分の暮らしが
もっと好きになる。

緑の団地に生まれた大満足な空間

普通のマンションも見たけれど、自分にとって大事なのは「窓から緑が見えること」や「風通しの良さ」、つまり環境なんだと気づいて、すべてが叶う団地リノベを選択。

アトリエを兼ねた住まいは、DIYで漆喰を塗った壁、レトロなガラス扉、可愛くて使いやすいホーローのキッチンetc. 室内も好きなものに囲まれた大満足の空間に！

SONY
JAMESON
BOSE
Canon

「商店街」ど真ん中のヴィンテージマンションが我が家に

ピンとくる物件になかなか出会えず、ライフスタイルを見つめ直してわかったのは、「なじみのあるエリア」「商店街」という本当の要望。そしてもともと月に一度は出かけていたエリアの商店街ど真ん中のマンションにひと目惚れ。ヴィンテージホテルをコンセプトにつくりあげた、音楽とワインが似合う大人の住まいで、暮らしの楽しみが広がっている。

大人3人＋犬2頭がワンフロアで心地良く

大型犬OKの物件がなかなかなく困っていたところ、「これだ！」と思った物件は、オフィス仕様でバス・キッチンなし。しかしリノベで想像以上の住まいが形になった。間仕切りなしの開放感あるワンフロアに夫婦と娘、犬2頭が自由に暮らす新しい住まい方。外出には事欠かないロケーション、2頭の犬にやさしいモルタルの床、都心での心地よい暮らしが実現した。

母といっしょに住める家

きっかけは東日本大震災。宮城県の実家は津波で流され、母がひとり残された。少しでも早く東京に呼びよせたいと、懸命に住まいづくりをする娘夫婦の姿に、希望をもって仮設住宅での暮らしを頑張れたという母。今はにぎやかな3人+1匹の暮らしになって、大きなテーブルを囲んで美味しいご飯をいただく毎日に、みんなが幸せをかみしめている。

100人いれば、
100通りの暮らしが
そこにある。

同じ設計者が設計しても、
好きなテイストの家を真似しても、
同じものはひとつもない。
自分だけの家になる。
「中古を買って、リノベーション」で、
自分だけの「住まい」を
育てていきましょう。
基本は、賢く、もちろん楽しく。
人生も、住まいづくりも、
愉快でなくっちゃ。

HAPPY
½ BIRTHDAY

はじめに

私たちは、シンプルな白いTシャツが欲しいと思えば、素材も、シルエットも、編み方さえもこだわって選ぶことができます。首元の開き方やリブの作りにまで好みがあって、身体にフィットする、肌触りのいいモノを探すことができるでしょう。

食も同様に、お米ひとつとっても産地や栽培方法にこだわることもできます。

生活の基本である「衣・食・住」。

「衣」と「食」については情報も選択肢もたくさんあり、求めているものがはっきりしている人が多いですよね。

でも、「住＝住まい」についてはどうでしょうか。

これまで私たちは、住まいについて真剣に考える機会が少なく、既成の与えられたモノに対して疑問を持つことが少なかったのかもしれません。

好きな服を選ぶように、そして、毎日の食事をするように、生活に密着している「住＝住まい」についてもっと真剣に考えることで、私たちの生活の質は向上し、豊かな暮らしを手に入れることができる。私はそう思います。

自分が本当に心地よく、楽しく暮らせる住まい。家に帰るのが楽しくなるような住まい。

いままで封印していた住まいに対する気持ち、自分の中にある正直な要求を、もう一度しっかり見つめてみませんか？

その入り口としてこの本を読んでいただくと、「中古を買って、リノベーション」の良さも、きっとリアルに感じていただけると思います。

リノベーションは、すでにある物件の改装や改築を行うという点ではリフォームと変わりません。でも、普通のリフォームと大きく違うのは、住む人のライフスタイルにぴったりと照準を合わせた住まいづくりを目指しているということです。

つまり、単に古い物件の古い設備を新しくしたり、見栄えを良くするということではなく、より自分らしく、気持ちよく楽しく暮らせる空間をつくりあげることがリノベーションの目的なのです。


私が、EcoDeco（中古物件の紹介から資金計画、リノベーションまでをワンストップで扱う事業。以降エコデコ）を立ち上げた当時は、家を買うというと新築が主流で、中古を買うという選択肢はまだまだマイナーなものでした。

中古を買うという選択は恰好いいイメージのものではなく、「新築を買えないから中古を買う」という空気が漂っていたとさえ言える時代です。

また、業界独特の構造から、不動産会社をはじめリノベーションやリフォームを個別に行っている会社はあるものの、物件の紹介から資金計画、リノベーションまでをひとつの窓口で受けてくれる会社はほとんどありませんでした。

従来型の不動産会社に「リノベーションに適した、リフォーム前や居住中で内装ボロボロ物件でもいいから紹介してほしい」とリクエストしても、当たり前のように内装のこぎれいな物件ばかり紹介されたものです。

というのも、不動産売買の収益は仲介手数料です。価格の安いリフォーム前物件よりも価格の高いリフォーム済み物件を取り扱った方が不動産会社の利益は多く、しかもリノベーション前提の物件の取り扱いはいろいろな面で時間や手間がかかるので、そうした物件を探して紹介してもメリットが少ないという判断があったのでしょう。

買い手からすれば、「中古物件をリノベーションして思い描くような住まいをつくりたい」と望んでも、親身になって実現をサポートしてくれる会社がほとんどなかったのです。

不動産業界の誰も「面倒くさい」とやりたがらないのなら、私がやるしかない！

中古住宅をリノベーションすることで豊かな生活が送れるのに、まだ多くの人がこんな素敵な暮らし方を知らないなんてもったいない。東京での新しい暮らし方を提案したい！

そんな想いから、リフォーム前の物件、居住中の物件のみを取り扱ったリノベーション・ワンストップサービスのエコデコをスタートさせたのです。


今では、当時と状況はだいぶ変わりました。

リノベーションという言葉の認知度も上がり、業界誌だけではなく女性誌までもリノベーションの特集をするなど、一般の方々に広く知られるようになりました。

創業当時は、私たちのお客様はデザイン関係の仕事に携わっているような方々が多かったのですが、最近は、当時のお客様の層に加えて公務員やビジネスマンなどお客様の層も広がっています。

今はリノベーションにまつわる税制なども整備され、かつてはマニアな人の住宅購入の選択肢だったともいえるリノベーションが、家を買う場合の選択肢のひとつに当然のごとく入って来ていることを実感しています。

このようにリノベーションに対して追い風が吹いているのは間違いないですが、私たちのようにご提案する側としては、関連業界も含めて、取り組むべき課題がまだまだ多いのも事実です。

まずは、少しでも多くの方々に、リノベーションについての基本的な知識を身につけていただくこと。それが、リノベーションという素敵な暮らし方を世の中に根づかせ、さらに広げていくための第一歩になると思っています。

この本も、これからリノベーションを考えている方はもちろんのこと、不動産業界、そして建築業界の方にもぜひ手にとっていただきたいと思いながら執筆しました。

また、エコデコの門を叩かずとも、住宅購入などを考えている方々が、この本をつねに横に置いて参考書のように使っていただけたら。そんな願いもあります。

多くのみなさまに、この本から、リノベーションに秘められたさまざまな魅力、可能性を感じ取っていただければ、こんなに嬉しいことはありません。

中古を買って、リノベーション。

contents

[STEP5] DIYのこと

STEP 0　リノベーションの基礎知識

住まいについて、正直に、真剣に考えてみよう

あなたは、日々の暮らしの中で、何を大切に思っていますか？　あなたが心地よく、楽しく、自分らしく過ごせる住環境とはどんなものでしょうか？

住まいづくりとは、それらをひとつひとつかたちにしていくことです。

そのためには、あなた自身が、自分の住まいについて正直に、真剣に向き合うプロセスが必要になってきます。

これから私自身の経験をお話ししながら、本当に自分らしい暮らしができる住まいづくりについて、一緒に考えていきたいと思います。

私が住まいについて、自分の気持ちに正直に、真剣に考えはじめた時には、最初に自分の「心地いい」という感覚に目を向けてみました。ほんの小さな日常の一コマ一コマを大切に考えてみたのです。

例えば、朝、起きて豆から挽いたコーヒーをお気に入りのカップで飲む空間。大事な家族とコミュニケーションをとるための場づくり。ゆーったりとリラックスするための入浴タイム。

すると、目の前の小さな生活シーンがとても贅沢な瞬間に変わってきました。

なんてことはない日常の一コマに意識を向けることで、毎日の暮らしに深くとけ込む愛着のある暮らしをつくっていけるのだと思います。

私の場合、自分の「心地いい」に目を向ければ向けるほど、多くの人に合うようにつくられた既存の賃貸では満足できないことに気づいてしまいました。住まいに関して、心に響くものを吟味して空間をつくりあげたいという欲求がムクムク湧いてきたのです。

とはいえ、住まいは、文字通り「住」としての側面をもつ一方、お金を払って手に入れるという、資産的な側面が大きいのも事実。

私たちが実現したいことは、ただ家を買うことやリノベーションすることではなく「自分らしい暮らしを実現すること」なので、住まいにだけ大きなお金を投入して、生活全般の心地よさのバランスが崩れるのは本末転倒です。

既存の賃貸は自分に合わないという理由だけで、自分自身で購入した場合のリスクを把握せず、リスクヘッジもしないのはナンセンスです。

買うのでなく借りた場合はどうなのか、他にもっといい方法はないのか？　ということで住まいを吟味する必要性がここで出てくるのです。

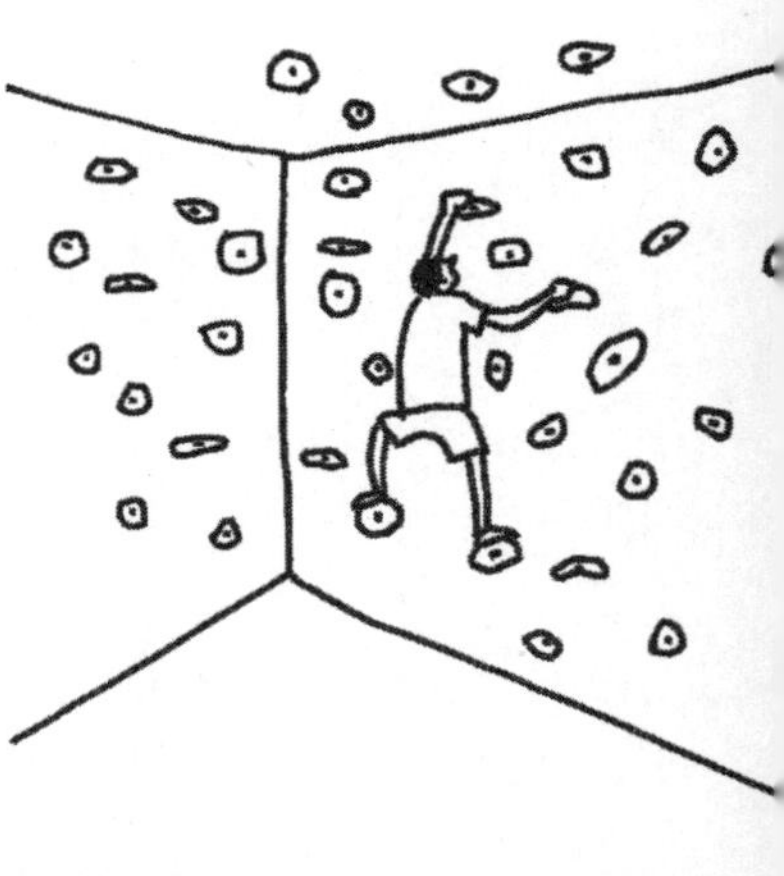

賃貸派？　それとも購入派？

賃貸のメリットは、まず簡単に動けること。ライフスタイルの変化に合わせて柔軟に住まいを変えられるのは便利です。たとえば将来転勤で引っ越す可能性が高いとか、子供が生まれたら住み替えるかもしれないといった場合は、フットワークを軽くするために賃貸を選ぶのもいいと思います。

初期費用も購入するよりずっと安く、自分のものではないので固定資産税などの支払いもありません。

一方、購入すると住み替えたい時に小回りが利きにくいですが、「自分の家だ」という安心感があることや、なんといっても、いろいろと制限の多い賃貸よりも、自分らしい住まいづくりができるのが魅力です。

購入時には頭金その他、まとまった資金が必要になりますが、一生で支払うお金の総額で考えると、賃貸の場合も購入する場合もそれほど変わらないという試算も出ています。

以上を簡単にまとめると、「お金の面やフットワークの軽さでは賃貸、自分らしい暮らしという点では購入を選ぶと満足しやすい」という評価ができそうです。

ただ、いざ住まい探しを始めてみると、頭で考えているだけではわからなかったさまざまな「現実」にぶつかることになります。

私自身も、結婚を機に新しい住まいを探し始めた時には、賃貸か購入かでさんざん迷いました。

当時、私は起業したばかりで住まいに大きなお金はかけられません。

住宅購入にまわせるまとまった資金もないので、本当は中古物件をリノベーションして自分らしい暮らしを実現させたいと思っても、お金の面を考えると、当然ながら賃貸という選択肢も浮上してきます。

しかし、希望するエリアで探してみると、自分たちの条件に合う物件はまったく出てこないのです。

その条件とは、
・都心の自転車生活ができる範囲
・繁華街は避けたい
・ホームパーティーを楽しめるくらいの広さが欲しい
・家賃は、できれば15万円以内
というものでしたが、「エリア、広さともにクリア！」と思って物件を見に行くと、内装はクタクタ、お風呂がバランス釜（浴槽の横に風呂釜がくっついている昔なつかしいお風呂）だったこともありました。

賃貸の方が手軽だけれど、自分の予算内だとこれが現実。

というわけで、気軽に動ける賃貸物件も同時に探しつつ、リノベーションを視野に入れた物件探しをスタートさせたのでした。

自分らしい暮らしと、これからの人生と

そうしてさまざまな物件を探した結果、私が選んだのは、中古マンションを購入してリノベーションすることでした。

そう決めたひとつめの理由は、「自分らしい暮らしができること」。

そして、ふたつめは「さまざまな人生の選択肢に対応できること」です。

母たちの世代と異なり、女性の社会進出が進んだ現代に生きる私たちは、自分の人生を自分で切り開くことができ、いろいろな生き方の選択肢が目の前にあるといえます。

私の場合、ちょっと考えただけでも夫の転勤の可能性、私の会社が大きくなる可能性（そして、考えたくはないけど縮小する可能性）など、さまざまな可能性と、そこでの選択肢が目の前にリアルに見えてきます。

自分らしい暮らしはしたいけれど、家が人生の足枷になることは本末転倒。ということで、

・夫婦のうちどちらかが働けなくなったとしても無理のない範囲で支払いができ

ること
・賃貸に出したとしても元がしっかりとれること（ある程度便利な立地のリノベーション済みの物件は、借り手も見つけやすい）
・売却に出したとしても、値下がりのリスクが少ないこと
・用途に多様性があること（住居としても事務所としても使えること）
なども考えて、「中古を買って、リノベーション」という選択になりました。

新築VS中古

賃貸と購入を比較したように、新築にするか中古にするかということも、検討材料のひとつではありました。

でも、予算は、4000万円以内。

新築で買おうとすると、残念ながら希望するエリアでは10年待っても出てこないでしょう。1億円もする物件もざらにあります。

でも中古だったら、立地に恵まれたグレードの高い物件でも、手の届く価格になっているものがたくさんあります。

そうした価格的メリットの大きさも、「中古を買って、リノベーション」という選択になった理由のひとつです。

マンションVS戸建て

もともと田舎育ちの私にとって、家といえば一戸建て。というわけで、もちろん戸建ても選択肢のひとつでした。

ただし、新築は希望するエリアでは予算的にNG。となれば、中古の戸建てを買ってリノベーションしようということで、戸建ての物件探しをスタートしましたが、早い段階で挫折することになります。

それは、ズバリ！「お金の問題」です。

諸費用以外は、リノベーション費用も含めて住宅ローンの利用を考えていたので住宅ローンが使える物件であることが絶対条件です。

しかし、希望する都心エリアの予算内の物件は「再建築不可」[*1]「建ぺい率、容積率オーバー」[*2]などの条件によりリノベーション費用はもちろん、住宅ローンが組めない物件が多数。

もちろん予算を上げればいいのですが、そんな余裕はありません（キッパリ！）。

また、運良く住宅ローンが使える物件を見つけても、戸建ての場合は、購入前にリノベーション費用の概算を立てるのが難しいのです。

なぜなら、戸建ての場合、物件を内見して問題がないように見えても、目に見

[*1] 再建築不可
一度物件を取り壊すと再度物件を建てることができない土地。

[*2] 建ぺい率、容積率
容積率とは敷地面積に対する建築延べ床面積のこと、建ぺい率とは敷地面積に対する建築面積（建坪）の割合のことで、それぞれに規制がある。

[*3] ホームインスペクション（住宅診断・住宅検査）
物件の劣化状況、欠陥の有無、改修すべき箇所やその時期、おおよその費用などについて、専門家が中立の立場でアドバイスしてくれるサービス。料金は、NPO法人日本ホームインスペクターズ協会によると目視での一次診断で5～6万円。機材を使用する詳細な診断では、10万円以上の費用がかかるケースもある。ただし、まだまだ日本では売り手側の承諾が得られないことも多く、すべての物件で利用できるとは限らない。

えない部分に問題が隠れている場合が多いのです。

たとえば、天井や床下を開けてみないとわからない主要部分の劣化や断熱材の有無などのため、「開けてビックリ、費用が想定以上にかかる！」なんていうことになったら、自分が理想とする暮らしができません。

もちろん、ホームインスペクション[*3]を行うなどの方法もありますが、これは売り手側の承諾が得られないことも多く、初めて家を買う場合にはハードルが高い。ということで、戸建てという選択については早々に挫折しました。

既に持っている物件、もしくは実家の戸建てをリノベーションするなど、理由があって戸建てを選ぶ場合はとても魅力的ですが、中古物件を住宅ローンで買ってリノベーションする場合、戸建てのハードルは高く、マンションに絞って探したほうがシンプルかもしれませんね。

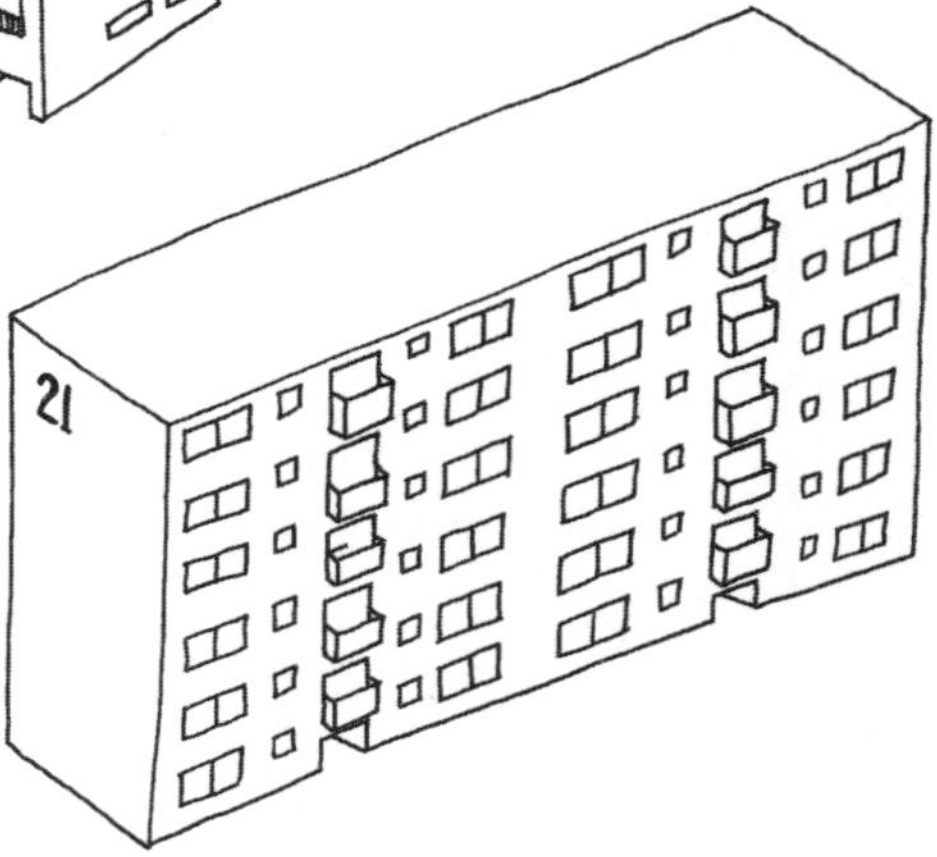

中古マンションのリノベーションが理想の暮らしへの近道

無理のない範囲で、できるだけ理想に近い住まいをどうやって実現するか。

私自身の経験を軸にお伝えしてきましたが、あなたはどんなふうに感じられましたか？

もしも「ウンウン」と共感できて、住まいづくりを思い立ったきっかけやお財布事情なども「似たような感じ」と思われたなら、「中古マンションを買ってリノベーション」はおすすめです。

中古マンションなら資産価値も利便性も◎

ここで、現在の不動産取引市場から、マンションの値動きについて読み解いてみましょう。

まずは新築マンションの場合、誰かが入居した、あるいは登記した段階で物件価格の10％程度下がることが多いです。その時点から中古物件と同じ扱いになるわけです。

その後、20年ほどかけて分譲価格から約40％ほど、ゆるやかに値段を下げていきます。

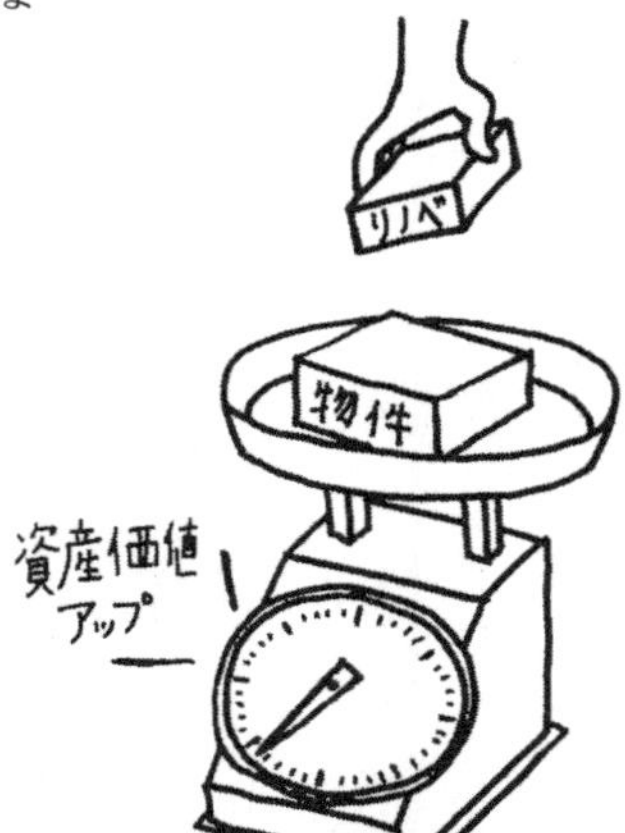

それからも、やはり価格は下がるもののゆるやかに推移していきます。

では、さらに築年数が経過しているリノベーション向きの物件はどうでしょう。東京の旧耐震物件（1981年の耐震基準の改正以前に建築許可が下りた物件）[P78]の推移から考えてみましょう。

ここ10年の旧耐震物件の価格データをみると、その間、さらに築年数は進み、経済も大きく動きましたが、居住ニーズの高い東京23区や横浜の物件は、価格を下げるどころか上昇しています。

人気が高く、地価が下がりにくいエリアの物件を選んだ場合には、築年数の経過とともに価格が下落することを、ある程度防ぐことができているのです。

そうした物件を買ってリノベーションした場合、将来何かの事情で賃貸に出すことになっても、月々のローン以上の賃料で貸すことも不可能ではありません。

中古×リノベーションの住まいづくりで、人生が豊かに！

私の場合も、賃貸か戸建てか、新築か中古か、いろいろ迷走してたどりついたのが中古マンションのリノベーションでしたが、今はとても満足しています。

人生を豊かにしてくれたリノベーション。実際にリノベーションした家に住むと、毎日がものすごく気持ちがいいのです（自分の心地いいことにしっかりと目

●マンション購入価格の下落率
※新築時を100とする

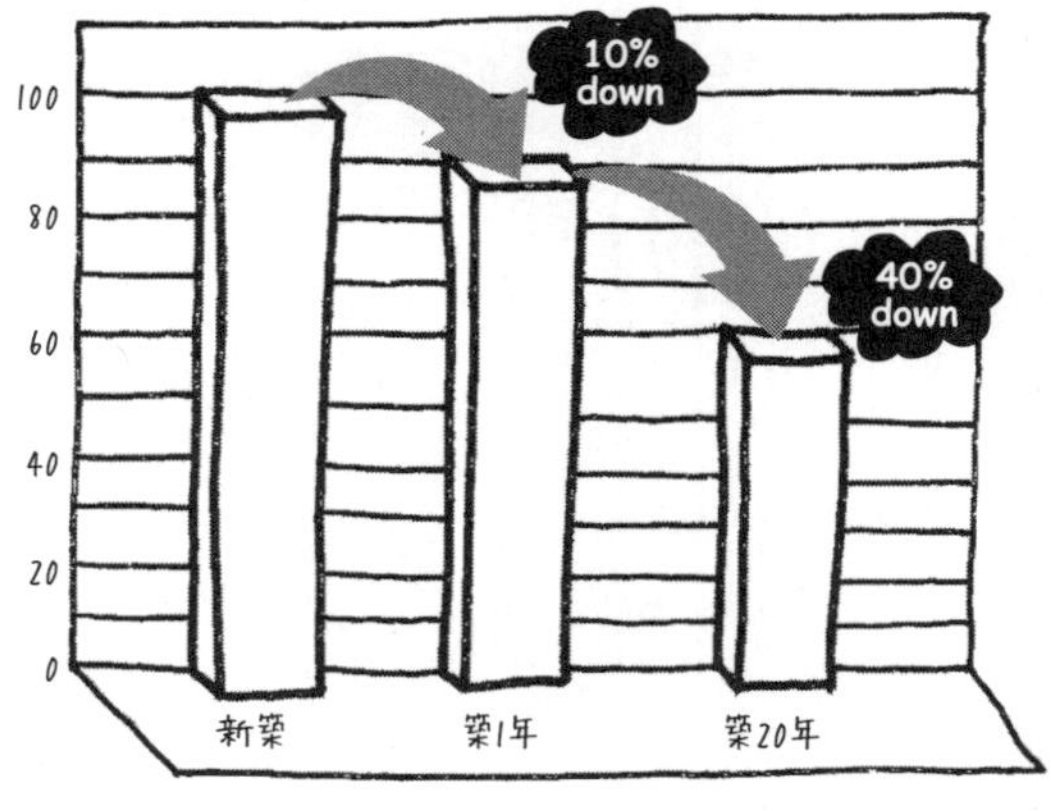

を向けたのだから、当然といえば当然の結果かもしれませんけど)。

住まいが整ってくると、自分の心にも耳を傾ける機会が増えてきます。日常の風景が美しければ、清々しい一日のスタートをきることもできます。

さらに、住む人間があちらこちらに手を加えて、愛情込めてかまってあげることで、そこにぬくもりが追加され、居心地のいい空間に育っていくのです。毎日の小さな積み重ねが、幸せの足場となるのです。

リノベーション後、家族が増えて、当初とは状況も変わってきましたが、仕事と子育てでバタバタしながらも、職場へは自転車でスイスイ。雨が降れば、時短も兼ねてタクシーで通勤。

子供との時間もしっかりつくりたい、でも、仕事も精一杯したいという欲張りな要求も叶えられています。

今、この場所で家族4人が住める賃貸を探すならば、都心では20万円以上はかかるでしょう。

20万円もの賃料を出すならば、よほどの高級住宅と思いきや、物件を見てみると普通の内装の普通のお部屋なのです。

やっぱり、価格メリットを考えても、「中古を買って、リノベーション」っていいなと改めて実感しているところです。

リノベーションのメリットまとめ

❶ トータルの予算を抑えられる

立地や広さなどの条件が同じような新築物件を買う場合と比べて、リノベーション費用を含めても、より低予算に抑えられる。かつての「億ション」も、中古ならリーズナブルな価格設定になっていることも。

❷ 資産価値を上げることができる

こだわりのリノベーション物件は付加価値が高まるので、万一賃貸に出しても有利。同じような条件の普通の物件より高めの家賃設定でも人気で、相場も上昇傾向。

❸ 現物を見てから購入できるので安心

完成前に契約する新築物件と違って、購入前に物件の住環境を把握できる。室内からの眺望、採光、風通しなどを体感したり、隣近所にどんな人が住むかもだいたい知ることができ、入居後の生活をイメージしやすい。

❹ 自分らしいライフスタイルを追求できる

たとえば壁一面の本棚、防音設備付きのオーディオルーム、無垢の一枚板のバーカウンター。リノベーションなら自分にとって最高に心地よい空間を手に入れられる。

❺ 物件選択の幅が広い

立地や間取りはもちろん、築年数や建物のグレードなど、新築物件よりもはるかに多くの選択肢の中から、ライフスタイルや条件に合った物件を選ぶことができる。

❻ 好立地に住める可能性が高い

駅の近くなど、人気の高いエリアには以前からマンションが建てられているので、リノベーション向きの中古物件も豊富。たとえば東京なら、憧れる人も多い青山や代官山、恵比寿など、新築では手の出ない価格帯の立地に住める可能性がある。

❼ 家をつくる、クリエイティブな喜び

壁の色、床の素材ひとつからこだわって、建築家気分で理想のデザインを実現できるのがリノベーション。プロの手を借りながら夢見ていた暮らしをかたちにするという、この上なくクリエイティブな喜びが味わえる。

❽ 家族の絆が強くなる

住まいづくりとは、ライフスタイルを見つめること。部屋割りや、どんなキッチンやバスルームにするかなど、意見をまとめるには十分な話し合いが必要なので、自然と家族の会話も増える。その中で家族の将来像も見えてくるはず。

不 動 産 の こ と

あなたの不動産偏差値は？

理想の住まいを手に入れるためには、正しい不動産の知識が欠かせません。不動産会社はもちろん「信頼できる○○さんが言うから」なんて人まかせの判断は大きな買い物をするときには×です。まずはあなた自身の不動産に対する知識をはかるために、次の項目に○か×を記入してみましょう。

□❶自分が今住んでいる家を買うとしたらいくらで購入できるか知っている
□❷自分がいくらローンを組めるか知っている。もしくは住宅ローンの相談会に行ったことがある
□❸住宅ローンのシミュレーションをして、自分にはどんなローンの組み方が合うかだいたいわかっている
□❹物件購入以外にかかる費用の目安を知っている
□❺不動産の広告やチラシの内容を理解することができる
□❻リノベーション前提で物件を購入するなら、「リフォーム済み物件」と「リフォーム前物件」どちらを狙えばいいのか知っている。

□❼「既存不適格」という言葉を知っている
□❽「旧耐震」と「新耐震」の見分け方や違いを知っている
□❾物件価格の交渉のコツを知っている
□❿源泉徴収票や住民税決定通知書は毎年保管している

さあ、いかがでしたか？　いずれも、理想の住まいを手に入れるためにはおさえておきたいポイントです。またこれらの項目にかぎらず、必要な予備知識をもっておくことで、「ああすればよかった」という後悔を避けることができます。

チェック項目のうち、知っている項目が0個の方は、入門レベル。最初から本書を読んでいただくことをおすすめします。1〜4個の方は初心者レベル。5〜9個の方は中級レベル。目次から自分に必要だと思われるところをご覧ください。すべて知っているという方、不動産偏差値は上級レベルなので、「住まいづくりのこと」［P111］へどうぞ。

しっかりとした自分の軸をもって不動産に向き合うことができるように、本書を役立てていただければと思います。

「✕（知らない）」を選んだ人のためのガイド

❶　まず、イメージをつかむために「家を買う」という行為を具体的にシミュレーションしてみることです。自分が住んでいる場所だとシミュレーションもよりリアルなものになります。不動産の相場を調べるにはいくつかの方法がありますが、インターネットの不動産広告や、レインズ・マーケット・インフォメーション（成約価格を基にした不動産取引情報を提供するサイト。URL：www.contract.reins.or.jp）などを利用するといいでしょう。

❷　住宅ローンを組めるだけ組むというのではなく、適切に住宅ローンを組むための考え方や基礎知識を身につけていることが大切です。

❸　固定金利にするか変動金利にするか等、自分自身のライフスタイルにあった支払い計画をたてることは、自分自身の暮らしを見つめ直すきっかけにもなります。金融機関のサイトなどを利用すれば簡単にシミュレーションすることができます。

❹　物件を購入しようと思うなら、現金の用意も欠かせません。最低限どれだけの現金が必要になるのか把握しましょう。

❺　不動産広告には、物件を購入すると住宅ローンの支払い以外にかかる費用も書かれています。また、土地の権利についても記載があります。

❻　リノベーションが前提ならば、よほどの場合を除いて、購入時の内装の状態や設備の古さは問題になりません。また、価格もリフォーム前物件のほうが割安です。

❼　「既存不適格」は古い物件や東京都内の物件には見られる表記です。建築時には適法だったものが、その後の法改正で不適格な部分が生じていることを意味し、そうした物件を買って住むことはできますが、住宅ローンが満足に使えないこともあるなど、注意が必要です。

❽　日本では、建築物の耐震基準に関する法改正が行われた年を境に、新耐震と旧耐震という区別ができました。中古物件を選ぶ上では大切な知識のひとつなので、しっかり確認しておきたいものです。

❾　物件の価格交渉には独特のコツがあります。不動産のプロの協力が必要なのはもちろんですが、ポイントをおさえておけば、より戦略を立てやすくなります。

❿　これらは住宅ローンを組む際に必要な書類です。家を欲しいと思ったらまずは、手元に源泉徴収票を揃えるところから始めましょう。

STEP 1　お金のこと

いくら家に払えるのかを知る

中古物件をリノベーションしよう！　と思ったら、まずは「お金」について掘り下げて行きましょう。

住宅を購入する際、住宅ローンを利用される方が多いと思います。

住宅ローンは、借りたいだけ借りられるわけではなく、銀行による審査をクリアしなければいけません。

銀行は、年収に対する住宅ローンの年間の返済割合により、借入金額の上限を定めています。

さまざまな条件はありますが、年収400万円以上であれば、だいたいその6～7倍の金額（2400万円～2800万円）を借りることができます。

年収の確認は、サラリーマンの方なら前年度の源泉徴収票に基づいて査定が行われます。本年度の見込み年収ではないことにご注意ください！

個人事業主の場合は、3期分の確定申告の書類を提出することが必要です。

会社経営者の場合は、個人としての年収確認に加えて、会社の決算書の提出を求められます。

「借りられる限度額」を知ると同時に「実際にいくらなら返済できるのか」を考え、逆算して考えてみましょう。

返済年数、金利が想定できれば試算ができます。例えば、月々10万円の支払いであれば返済できるとしましょう。

３５００万円を変動金利０・９７５％で35年ローンで借りた場合、均等返済なら、月々の支払いは９万８３９２円です。

金利が１・２７５％に上がれば、支払いは10万３３４８円にあがります。

金融計算機やネットの住宅ローンシミュレーションで調べてみましょう。

ただしマンションの場合、修繕積立金や管理費がかかりますので、試算の際にはそれも頭に入れることをお忘れなく。

中古マンションをリノベーションしたいと考える方の特徴は、「自分らしい暮らし」を重視すること。

衣食住のバランスを崩してまで住宅にお金をどーんとかけてしまったら、それが成り立たなくなります。

堅実に、「いくらなら無理のない支払いができるだろうか」と、しっかりとした視点を持つことも、自分らしい暮らしを実現するためには重要ですね。

結婚や出産を期に住宅購入を考える世代は、バブル期のような景気のいい時期を知らず、親の介護の問題や自分たちの年金の問題も視野に入ってきています。将来、お給料が年功序列で上がるような見通しも立ちません。そんなことから、もともと、将来を楽観視しないシビアな視点をもっているように思います。

「いくら借りられるのか」「いくらなら無理なく返済できるのか」

このふたつの視点で住まいに払える金額を計算してみましょう。

ローンの返済年数はどう設定するか

エコデコのお客様の場合は、「35年ローンを組み、途中で繰り上げて返済していく」という選択をされる方が多いです。

繰り上げ返済の手続きもネットですぐにできること、手数料が無料の銀行も多いことが、その背景にあります。

もちろん、もっと短い返済年数で設定することも可能ですが、その場合、住宅ローンの上限金額が変わってきますのでご注意ください。

銀行は、年収に対する住宅ローンの年間の返済割合により、借入金額の上限を定めているからです。

例えば、3500万円を0・975%で借りた場合、返済年数によって年間の返済額がどれくらい違ってくるかを比べてみましょう。

・35年だと、月々の支払いは、9万8392円
・20年だと、月々の支払いは、16万572円

このように、月々の返済金額が上がると、当然ながら年収に占める住宅の支払い金額の割合が多くなり、年収に対する住宅ローンの割合が増えるので、住宅ローンの上限金額も変わってきます。

できるだけ早い返済を行いたいという方は、住宅ローンの借り入れ上限と関わってくるので、忘れずチェックしましょう。

こちらも、住宅ローンのシミュレーションで簡単に試算することができます。

こんなはずじゃなかった!? 住宅ローン審査の落とし穴

住宅ローンの審査に関して、意外と多い落とし穴についてお伝えします。

せっかく理想の物件が見つかっても、住宅ローンが通らないとなると、今までの苦労が水の泡。ひとつでも気になることがあれば、事前に手をうちましょう。

①諸費用を現金で用意できない

住宅ローンの支払い能力がないと、銀行から判断されてしまう場合があります。

②カードローン[＊1]を利用している。もしくは、カードを持っている

[＊1] カードローン
消費者金融はもちろん、クレジットカードのキャッシング枠も同様にみなされます。

カードでの借金があると、そのカードの極度額[*2]を考慮して、住宅ローンの借り入れ可能額（現在借り入れできる最高額）が計算されるため、本来借りられるはずの金額よりも少なくなってしまいます。

③クレジットカードの極度額の合計が100万円を超えている

④最近、クレジットカードの返済等の料金支払いの滞納があった

⑤勤続3年未満である

「勤続年数3年以上」が、ローン審査の大きな基準になっています。勤続年数が短い方は、借り入れを予定している銀行の基準や条件を事前に確認しておきましょう。

[*2] 極度額
キャッシング会社等が設定した、契約上の最大額のこと。この極度額の範囲内で借り入れ可能額が設定される。

リノベーションにかかる金額をイメージする

物件価格の相場は不動産のサイトなどでわりと簡単につかめるけれど、リノベーションにかかる費用の相場がわからないという方も多いかと思います。

リノベーション費用は、依頼内容によって、また請け負う会社の料金設定によっても変わってくるので、実際の料金には幅があると考えてください。

ここでは、エコデコの場合はこれくらいが目安になるという金額をご紹介していきますので、イメージする際のご参考にしていただければと思います。

リノベーションのみなら坪単価45～55万円

まずフルリノベーションの場合、工事費と設計費を併せて600万円からとなっています。

一般的な坪単価でいうと45～55万円が平均的なところでしょう。

たとえば65㎡を1000万円でリノベーションした場合、坪単価は1000万円÷19・66（坪）で50万8647円になります。

ただ、単純に「リノベーション費用1000万」といっても、広さによって坪

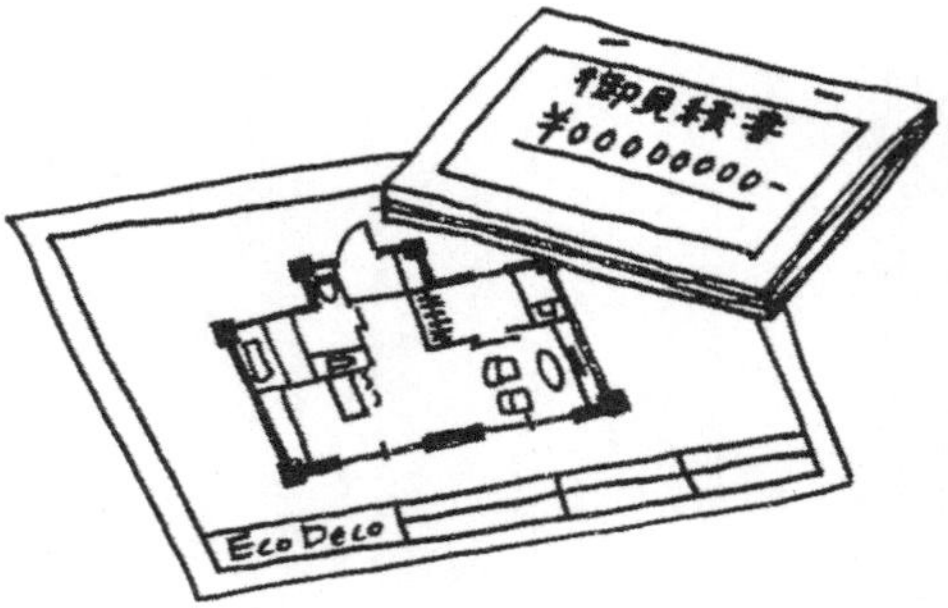

単価も総費用も変わってきます。

ほかの事例でも、たとえば57・70㎡／860万円、65・88㎡／1200万円、68㎡／950万円というふうに、かかった費用は必ずしも広さに比例していません。

なぜなら、リノベーションについていえば、最低限の設備工事にかかる費用はどのリノベーションでもあまり変わらないからです。

一般に、物件が広くなるほどフルリノベーションの坪単価は下がります。狭い物件ほど坪単価は高く見積もっておくことが必要です。

その他の「こだわりポイント」と面積によって費用が変わってきます。

たとえば「オリジナルのキッチンで料理を楽しみたい」「壁一面に造り付けの本棚を！」など、設備や内装にこだわればこだわるほど金額は上がります。

逆に、こだわる部分を限定したり、ＤＩＹを取り入れることで費用をおさえることもできます。

実際、70㎡のリノベーションで坪単価を32万におさえたお客様もいらっしゃいます。[＊3]

70㎡のうち60㎡は施工会社による工事でしたが、塗装工事は夫婦2人で行って30数万円を浮かせることに成功したのです。工事が入っていないスペースを差し

[＊3]
1坪＝3.3㎡。70㎡で坪単価32万円の場合、70㎡＝約21.2坪なので、32万円×21.2坪＝約680万円がリノベーション費用ということになる。

引くと、実質的な坪単価は約42万円です。

また、設備をフルリノベーションする場合は、40～50㎡で坪単価50万、100㎡で坪単価40万ほどが目安になります。

物件購入費＋工事費だけではない！　家づくりにまつわる費用

物件購入費とリノベーションの工事費を調達できればOK、これで買えたも同然……かというと、そうではありません。

もちろんその二つが予算の大部分を占めるわけですが、リノベーションによる家づくりではほかにもさまざまな費用が発生するので、その分も滞りなく支払えるようにしなくてはいけません。

総費用を項目別にまとめると、次のようになります。

「リノベーションによる住まいづくり」総費用

●不動産物件を取得する際の費用

物件の売買代金	契約時に手付金、引き渡し時に残金を支払う
仲介手数料	〈物件売買価格×3%＋6万円＋消費税〉が相場
それ以外の諸費用	司法書士に支払う登記代、売買契約時の印紙代、住宅ローンの保証料など

●物件を取得してから発生する費用

管理費・修繕積立金	中古マンションの場合は物件購入後も毎月の管理費と修繕積立金が必要
ローンの支払い	金利、返済期間、支払方法などによって月々の支払いが決定
税金	不動産取得税、固定資産税など。古い物件の中には、軽減措置が受けられず、不動産取得税が高額になることもあるので注意

●設計・工事期間に発生する費用

リノベーション設計料	依頼先によって価格や支払形態が異なるので確認が必要
リノベーション工事費	面積と、設備や建材などへのこだわり度によって決まる

全体のスケジュールの中で、これらの費用が具体的にいつ頃発生するのかは、STEP3の「スケジュールの目安」[P82]でわかるようになっていますので、参考にしてください。

ちなみに、通常リノベーションに精通している会社であれば、資金計画や物件探しの相談にも無料で応じてくれる所がほとんどなので、実際に相談に行くのも方法のひとつです。

それ以上の相談、たとえば物件探しを正式に依頼すれば、物件を購入する際に仲介手数料が発生しますし、リノベーションのための現地調査や設計の提案の費用なども発生します。

どの時点でどんな料金が発生するかは扱う会社によって異なるので、初回相談の時にきちんと確認しましょう。

リノベーション費用も住宅ローンで借りられる

リフォームローンと住宅ローンの違いは？

リノベーションの工事費・設計費は、前述のようにフルリノベーションで600万円からとなります。

そこで多くの人はローンを利用することになりますが、その際に覚えておきたいのは、リノベーションで使えるローンは2種類あるということです。

ひとつは無担保の「リフォームローン」というもので、これは基本的に持ち家のリノベーションの際に使われるものです。

もうひとつ、まだあまり知られていないのですが、中古物件を取得してリノベーションする場合、その費用は物件購入の費用と併せて「住宅ローン」として借りることができるのです。

リフォームローンと住宅ローンには、次のような違いがあります［表1］。

両者を比べてみると、審査は住宅ローンのほうが厳しいものの、それを除けば金利や期間など、住宅ローンのほうがかなり有利なことがわかります。

銀行の選び方

中古物件のリノベーションで住まいづくりを考えている人にとって、住宅ローンが利用できるメリットは大きいといえます。

ただし、リノベーション費用込みの住宅ローンを扱う金融機関はある程度限られているので、どこにでも申し込みできるわけではありません。

民間の金融機関のローンを利用するときは、銀行、信用金庫、ネット銀行などから選ぶことになりますが、最近ではネット銀行を希望する人も増えています。

ネット銀行の良さはなんといっても金利が低めなこと。また、預金残高に応じて金利が安くなるなど、魅力あるサービスを用意しているケースも多いです。

しかし、ネット銀行は借り入れにあたっての制約が厳しいので、利用しにくい面もあります。

多くの場合、リノベーションで問題になりがちなのが、融資の際の「築年数制限」と「借入できる上限金額」です。金利についても、リノベーション費の分は物件購入価格以上の借り入れとみなされ、金利が高くなるケースがあります。

資金計画に照らし合わせて条件が厳しいと感じる場合は、そうした制限がないローン商品を選ぶほうが賢明です。

結果として、私たちのお客様では都銀のローンを利用されるケースが多いです。

表1　リフォームローンと住宅ローンの比較

	リフォームローン	住宅ローン
金利	高い	低い
借入期間	短い （最長10年）	長い （最長35年）
借入可能額	少ない	多い
審査	やさしい	厳しい

このように、住宅ローンに関してはリノベーション物件ならではの注意点があるということを頭に入れておきましょう［表2］。

審査のための提出物の内容は？

リノベーション費用込みの住宅ローンを申請する場合は、審査の時の提出物も通常のローンとは少し違います。

普通の物件購入に必要なものにプラスして、工事費見積書（概算）、改修後平面図などを準備しておく必要があります。

また、銀行によっては、リノベーション前の写真とリノベーション後の写真の提出も求められます。

中古マンションの取引の場合、申し込みから契約までは1週間程度。この短い間に住宅ローンの事前審査を通さねばなりません。いい物件にはライバルも多く、この手続きに時間がかかってしまうと、せっかく見つけた物件を買い逃してしまう可能性も出てきます。

リノベーション前提での物件探しをする場合は、事前に見積もりや改修後平面図を出してくれる依頼先を探すことをおすすめします。

また見積もり作成や図面の作成にどれくらいの時間がかかるのを事前に確認し

表2　リノベーション費用込みで借入できる金融機関の例

	リノベ費用込みの借入	築年数による借入期間の制限
みずほ銀行	○	なし
三菱東京UFJ銀行	○	あり （返済期間＝50年－築年数）
三井住友銀行	○ （条件によって上限あり）	なし
千葉銀行 ※1	○	なし

※1…物件のエリアに利用制限あり（千葉県及び城東エリアのみ）
※各銀行の借入に対する条件や制限には、変更が生じる場合もあります。借入にあたっては銀行にご確認ください。
※2014年9月25日時点エコデコ調べ

ておきましょう。

◎事前審査に必要な準備物

・源泉徴収票（1年分。住民税決定通知書が発行されるまでの期間は2年度分）
・印鑑
・工事費見積書（概算）
・改修後平面図
・身分証（免許、パスポート等）
・健康保険証

◎本審査時に追加で提出するもの

・住民税決定通知書
・住民票
・印鑑証明書
・契約書
・重要事項説明書

平均的なローンの組み方は？

固定金利と変動金利、どちらを選ぶかによって返済比率や支払額も変わります。制度の細かい部分は変わることも多いので、必ず今現在はどうなのかというのを知っておく必要があります。

私たちのお客様のほとんどは、リノベーションの費用も住宅ローン扱いにすることを希望されます。金融機関によりますが、だいたい期間は35年でリノベーション費用の上限金額もなく借りられるようになってきています。

リノベーションがだいぶ浸透してきた現在では、以前よりも住宅ローンを使いやすくなってきているのを感じています。

以前は、工事費１０００万円の見積もりを出すと、（他の目的に転用されることがないように）どこにどんなふうに使うのか細かく説明を求められたり、ローン決済も１回では終わらず手間がかかるということで銀行からは敬遠されるなど、住宅ローンを利用するために苦労を重ねた時期（かなり大変でした）もありましたが、今はそういう状況も改善されています。

フラット35にもリフォームパックが登場

最近注目されている「フラット35」は、民間金融機関と住宅金融支援機構が提携してできた住宅ローンです。

その特長は、長期固定金利で、なおかつ金利が低く設定してあること。ローンが下りた時点で返済終了までの借入金利・返済額が確定しているので、長期のライフプランも立てやすくなります。繰り上げ返済の手数料もかかりません。

また、銀行からの借入とは違って「物件に対する審査」がメインになるので、勤続年数が3年に満たないなど、銀行の住宅ローン審査に不安がある場合にはこちらの利用を考えてみるといいかもしれません。

以前は、フラット35の場合、「借入できるのは物件購入費のみで、金額は物件価格の8割まで」という制限がありましたが、2014年にフラット35リフォームパックが登場し、リフォーム費用も併せて借り入れることが可能になりました。

ただし、借り入れ上限金額の設定が厳しいこと（中古物件の購入価格が上限）や、現段階ではメリットの評価が難しいリフォーム瑕疵保険[＊4]への加入が必須であることから、リノベーションを考えている人には使いにくい側面もあるといえるでしょう。

［＊4］リフォーム瑕疵保険
リフォーム時の検査と保証がセットになった保険制度。保険への加入を希望する場合は、登録事業者からリフォーム事業者を探して保険への加入を依頼する。

物件価格の交渉はどこまで可能？

「もう少し安くなるとうれしいんだけど……」

住宅ローンを利用できるとはいえ、不動産は一生に1度か2度の大きな買い物。少しでも出費を減らせるならそれに越したことはありません。

結論から言うと、物件の価格交渉は可能です。

売り出し価格は、基本的に不動産会社の査定価格がベースになっています。最近の取引事例の中で似ている物件をたたき台にして、最終的に売主と相談して決められた価格です。

ですから、提示されている価格は同じような条件の他の物件とそれほど大きく変わらないはずですが、それでもある程度の幅があり、常識的な範囲内なら値引きに応じてもらえる可能性があります。

一般的には、値引き交渉の可能なラインは5%くらいと言われています。端数に注目して「2980万円の端数分を取って2900万円にしてもらう」といった交渉はできるかもしれませんが、大幅な値引き交渉をしてしまうと、逆に購入する気がないとみなされて交渉に応じてもらえなくなる可能性もあります。

また、ただなんとなく「安くしてほしい」と持ちかけるのは得策ではありません。それなりの根拠や説得力を売主に感じさせることができれば、スムーズな値引き交渉ができるはずです。

具体的な交渉材料としては、次のようなものが有効といえます。

◎近隣の取引価格データ

◎現状の内装がかなり汚れている

◎瑕疵担保責任[*5]を免責にする

◎売主の売却理由を知る（売却を急いでいる場合は早く売ることを優先するので、値引き交渉に応じやすい）

◎住宅ローンを使わず現金で購入する（ローンを使わず購入できる方は、ローン審査が通らず契約破棄になることがないため、売主のリスクを軽減できる）

自力で値引き交渉をしようとすると難易度が高いので、不動産会社の担当者と一緒に戦略を立てるのがおすすめです。プロならではの調査能力や駆け引きのテクニックなどもあります。

信頼できる担当者を見つけ、協力して戦略を立てましょう。

[*5] 瑕疵担保責任
水もれ等、外部から容易に発見できない瑕疵（欠陥）がある場合、売主が買主に対して責任を負う。

column:01

知っておくと得する税金のこと

ここまでみてきたように、家の購入に際しては、さまざまな名目での出費があり、家計に与える影響は決して少なくありません。そこで知っておきたいのが控除（住宅借入金等特別控除）、いわゆる「住宅ローン減税」のしくみです。

住宅ローンを10年以上利用して自宅として購入した場合、50㎡以上（登記簿面積）の物件なら、年末のローン残高に応じて10年間一定額が所得税から控除されます。

中古物件の場合は、新耐震基準を満たしている物件、または旧耐震の場合でも、耐震補強を施していて、耐震基準適合証明書が発行できる物件が対象となります。

上記を満たしている場合、以下の控除を受けることができます。

・住宅ローン減税（築25年以上の場合は耐震基準適合証明書が必要）

・所有権保存登記等の軽減（築25年以上の場合は耐震基準適合証明書が必要）

・不動産取得税の減額（昭和56年以前築の場合は耐震基準適合証明書が必要）

また、中古物件購入に関して控除が受けられるだけでなく、リノベーション費用も「特定増改築等住宅借入金等特別控除」の対象になります。築年数についての制限もなく、多くの方が利用できる制度です。

この場合、設計事務所や所定の機関が発行する「増改築等工事証明書」が必要となります。依頼先がこの証明書を発行できるかどうか確認しましょう。この証明書を提出することによって、リノベーション費用についても、住宅ローン等の年末残高の1%が、10年間にわたって所得税額から控除されます。

これらの控除を受けて還付金をもらうには、確定申告をする必要があります。給与所得者の場合は、一度申告すると次の年からは年末調整で還付してもらえます。（平成26年4月～29年12月に居住した場合。詳細は国税庁HPを必ず確認！）

上記とは別に、「住宅取得資金の贈与非課税の特例制度」といって、子供や孫が自宅を新築したり、増改築をしたりする時に、両親や祖父母などから贈与された分を一定の範囲内で非課税とする制度もあります。利用するには限度額や条件もありますので、税務署に相談の上、検討してください。

STEP 2　物件探し

ライフスタイルから希望条件を絞る

物件の取得とリノベーションにかかるお金について学び、予算のめどがついたら、いよいよ物件探しです。物件に○○万円、リノベーションに○○万円と目安の金額を定めましょう。

物件探しは環境探し

お客様の特徴としては、場所を絞り込んで探す方は少なく、例えば、東横線沿線で○○万円以内とか、港区、渋谷区、目黒区の都心限定とか、エリアに幅を持たせていることが多いです。中には「ルーフバルコニーがあること」を絶対条件に探す方もいらっしゃいます。

当初の条件で決まることも、もちろんあります。その一方で、物件を探す中で、自分たちが大事にしたい環境に改めて気づかれる方も多く、当初の条件とはまるっきり違う場所で購入されることもあります。

不動産会社の広告で見られるような、外から見える条件で探すことも必要ですが、やはりそれ以上に考えておきたいのが、自分たちの大事にしている環境、ライフスタイルです。

いろいろと物件を見ても「何かが違う」と感じた場合は、ライフスタイルという視点からの物件探しに、もう一度立ち戻ってみてはいかがでしょうか。

新築から中古、郊外から渋谷区へ……Hさんの場合

リノベーション前は、三鷹市の70㎡新築マンションにお住まいだったHさん。新築だけに、キッチンや水回りの設備が新しく快適な大規模マンションで、共用部も充実していて防犯面も安心できたとのこと。でも、改めて自分たちの暮らしを見つめ直すと、いろいろな問題点が浮上してきたのです。

間取りはごく一般的なもので、70㎡の広さはあるけれど部屋が細かく区切られていて、実際は使っていない部屋があったり、キッチン回りの動線も自分たちには使いにくかったりする面もありました。

そんな中で「洋服や家具など、自分の趣味がはっきりしたので、今まで大切に集めたコレクションに似合う空間に住みたい」「毎日過ごす自宅こそ、自分たちに合った空間にしたい」という願望が膨らみ、ついに買い替えを決断。

今度は新築ではなく、中古マンションのリノベーションというスタイルを選ばれました。南向き高層階から庭付きの北向き1階へという思い切った方向転換も、「出入りが楽で緑を増やす楽しみもあり、住んでみたら快適！」という新たなメ

Hさん宅のダイニング

リットにつながったのです。

エリアも、住み慣れた中央線沿線から離れ、「職」「住」「遊」近接の渋谷区へ。ハイセンスなアンティークの家具や小物が映える、まさに東京新都心の暮らしにマッチしたこだわりの空間となり、アパレルショップのようなディスプレイ収納にお気に入りの洋服や靴のコレクションが並んでいます。

庭園の緑を借景に……Oさんの場合

大学入学時から住んでいた多摩地区のアパートも20年を経過、ふと気がつくと実家に住んでいた年数も超え、今までに払った家賃を合計してみたら気の遠くなるような金額！「これが住宅ローンだったら、かなりの額の返済ができていたはず」。そんな思いから、住宅購入を決意されました。

「今度は都心に住みたい。でもコンクリートに囲まれたオフィス街のようなイメージではなく、どこか懐かしく、安らぎが感じられるような暮らしがしたい」

そんなOさんが選ばれたのは、山手線沿線の旧古河庭園の緑が窓から目に飛び込んでくる、明るく風通しのいい物件でした。

いくつかの物件を内見して、「みなさん、何を決め手に購入されるのでしょう？」とコーディネーターに尋ねていらしたOさんが、出会ったとたん「これだ！」と

Oさん宅からの眺望

直感されたのが、習い事の教室にも近く、豊かな緑を楽しめるこの物件でした。

リノベーション後は大きなワンルームに縦ルーバー[*1]の間仕切り壁を使った個性的な空間が完成。都心にいながらにして、四国のご実家の日本家屋のような開放感や風通しの良さを満喫されています。


街を知ろう！　街を歩こう！


いったん購入したら、リノベーションで部屋は変えられても立地（周囲の環境）は変えられません。なので、そのエリアに本当に住みたいと思えるか、物件探しの段階でしっかり確認することはとても大切です。

候補になった物件が元々土地勘のある場所に建つ物件なら、周辺の環境もよくわかっていますよね。「あのへんなら、環境は割合静かで近くに大きな公園があるな」「大きなショッピングセンターがあるから買い物にも便利だな」というふうに、入居後の生活もイメージしやすいです。

でも、まったく土地勘のないエリアではそうもいきません。

もし物件探しでなじみのないエリアが候補にあがってきたら、まずはその街を歩いてみませんか。実際に足を運ぶことで、駅や商店街などの雰囲気、歩いている人たちの様子、緑が多いかどうかなど、環境を肌で感じることができます。

[＊1] ルーバー
細長い板を、枠組みに隙間をあけて平行に組んだもの。

また、エリアにこだわらず幅広く物件を探そうとする場合は、物件探しのプロが持っている「街の情報」に注目すると、思わぬ出会いがあるかもしれません。たとえば私たちエコデコのコーディネーターは、東京近郊のいろいろなエリアの物件を常に情報収集し、実際にいろいろな場所に足を運んでいます。街ごとに特徴があり毎回新たな気づきや発見があるものです。

下町を歩けば、掲示板にはお祭りの案内。お祭りが始まる頃には、いつもより街が活気づき、そんな中でも、猫がのんびり道端でお昼寝していたりします。

私はそういう下町の雰囲気が好きで、会社を立ち上げた当初は「東京下町ライフ」という下町に特化した物件紹介ページをつくっていたほど。またちょっと異なりますが、隣では路線バスマニアのスタッフが、おすすめのバス路線から物件情報をピックアップしていたりします。

みな、それぞれに独自の視点で物件の掘り起こしを行い、HPには物件そのものの紹介以外に街の紹介も入れるようにしています。

全く知らなかった街でも、こうした別の切り口から街を知り、歩いてみることで、自分らしいライフスタイルを見つけることにつながるかもしれません。まずは街を歩いてみてください。きっと感じるなにかがあるはずです。

ポスティングちらしはあなどれません！

物件探しにはネットを使うという人も多いと思います。

確かにネットを使うとたくさんの物件を比較検討できて効率的ですが、実は、家のポストに入ってくる不動産会社のちらしもあなどれません。

もし今お住まいの地域で物件候補を探しているなら、さらに要チェックです。地域に根差した不動産会社によく見られるパターンですが、ホームページがなかったり、白黒で写真も載っていない素朴なちらしを入れてきたりします。

一見するとダサいちらしなのですが、案外そういう物件があなどれません。その中にネットに掲載される前の物件があったりするのです。

たとえば今住んでいるマンション内にもう一戸買いたいという人や、近隣で物件を探している人が、そうしたちらしから情報を得て購入に至ることもあります。

ポスティングちらしからは近隣の相場もわかるので、物件探しの毎日のレッスンとして内容をチェックしてみるといいでしょう。

良い物件に出会うには、すべてを人まかせにせず、自分で情報を探すのも大切なことです。

不動産会社の選び方・つきあい方

不動産会社を味方につけよう

リノベーションプロジェクトのパートナーとなる不動産会社は、とても重要な役割を果たします。

名の知れた大手から街の小さな店まで、さまざまな会社がありますが、よく吟味して、「ここにならまかせられる」と思える会社や担当者を見つけましょう。

ここで、不動産会社を選ぶ際に重要と思われるチェックポイントを挙げてみます。

▼リノベーションについて理解があるか

不動産会社の本音を言えば、多くの場合「手間がかかって手離れが悪いリノベーション前提の物件よりも、リフォーム済みの物件を売った方が仲介手数料も高いし、手間もかからない」と考えています。納得のいく物件探し・住まいづくりをするには、依頼先にリノベーションについての理解があるかどうか、最初に確かめておきましょう。

▼住宅ローンに精通しているか

リノベーション費用を住宅ローンとして借り入れようとしている人は、事前にこの部分を必ず確認しましょう。購入後に改めてリノベーション費用を借り入れようとしても、金利の高いリフォームローンしか利用できないこともあります。リノベーション前提の物件の取引は、全体の取引に占める割合で考えるとまだまだ流通量も少なく、住宅ローンに精通していない担当者も多いもの。タイミングが重要だからこそ、この点も忘れずに確認しましょう。

▼リフォームやリノベーションについての知識があるか

内見時のチェックポイントを担当者が理解していれば、リノベーションプロジェクトはさらに円滑に進みます。竣工時の図面の見方や管理組合とのやり取りにも慣れている担当者だとスムーズです。

▼話をしっかり聞いてくれるか

リノベーションプロジェクトでは、通常の不動産取引よりも多くの関係者とのやり取りが発生します。自分たちの要望がしっかり伝わっているのか、回答は的確なのか、相性は合うか、確かめましょう。

▼デメリットの説明もしっかりしてくれるか

多くの物件を見ているプロならではの視点はとても重要。物件のメリットだけではなく、デメリットも聞いてみましょう。本当にお客様の身になってくれる担当者は、「こういうデメリットもある」と、たずねなくても説明してくれます。

これらのポイントを参考に、会社の規模や営業年数、見かけの印象などより、実際に担当者と接した時の感覚を大切にしてください。きっと頼もしいパートナーが見つかるはずです。

物件へのこだわり優先かエリア優先か

不動産会社には、まず「リノベーション前提で中古物件を買いたい」旨をはっきりと伝えます。

「このエリアのこういう物件」という希望があるなら、そこの地域密着型の不動産会社にも行って購入の意志を伝えておきましょう。というのは、地元に長く住んでいる人であれば、物件を売りに出す際は顔見知りの地元の不動産会社に依頼する場合もあるからです。

そうしておくと、その不動産会社から直接連絡がもらえるので情報が早いし、希望に合う物件をより見つけやすくなります。

でも、もしエリアにそれほどこだわりがないなら、あちこちの不動産会社とや

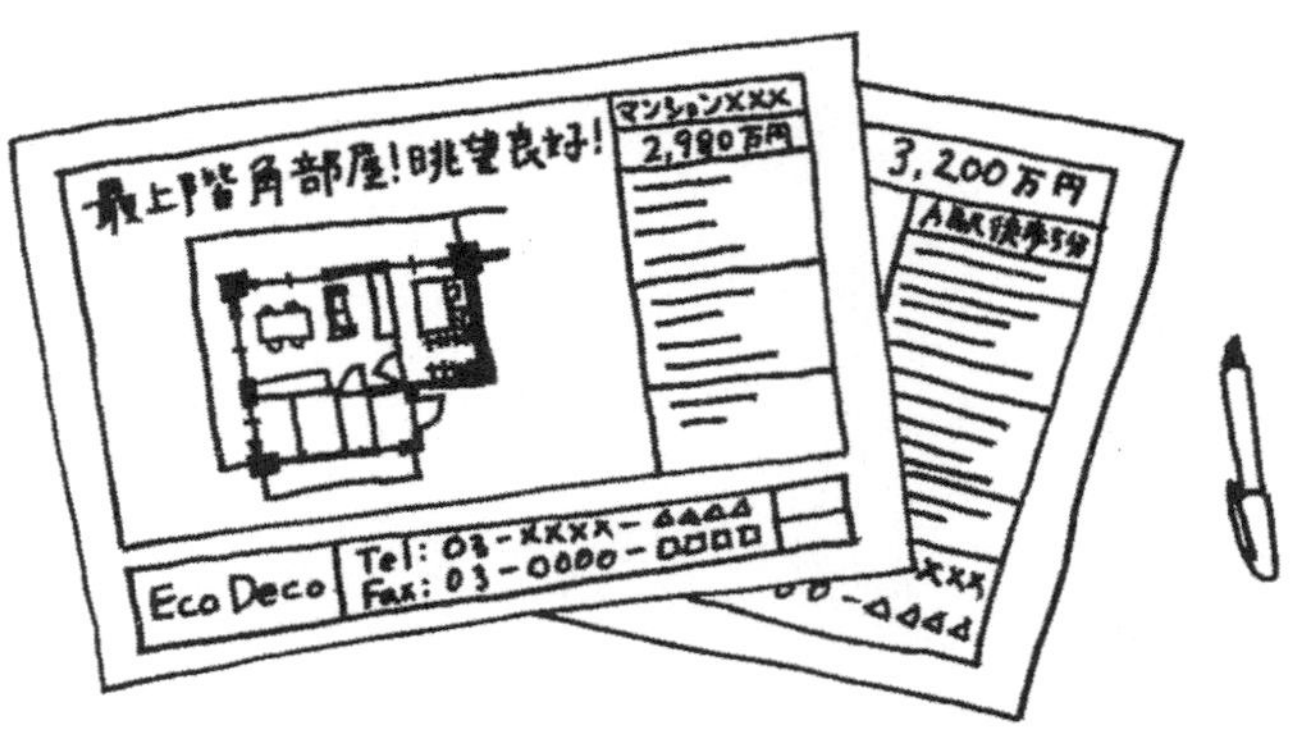

りとりするのも大変なので、おすすめの方法とはいえません。

ライフスタイルを優先し、ある程度幅を持たせた物件探しをしようという結論が出たなら、その条件を最優先にして、ある程度幅広いエリアをカバーしている会社に依頼するのがいいでしょう。

迷った時は、どんなライフスタイルを送りたいかという原点に帰って「ここにこだわりたい」「これだけは譲れない」というものを見つけることが先決です。どうしても迷う場合は、セミナーに参加したり、無料相談を利用してみるのも良い方法です。そこで話を聞いたり質問したりするうちに、何かしらの気づきが生まれることも多いものです。

物件探しとリノベーション計画は同時並行で進めたい

また、できれば物件探しの時点でリノベーションの依頼先も決めておきたいものです。そうすると、内見の時に設計者も同行してリノベーションの見地からチェックしてもらえるので、より適切な物件選びができます。

後でも述べますが、リノベーション前提で中古物件を見る時にはそれなりの注意点がありますし、物件の構造によっては改修できる部分に制限が生まれることもあるからです。

希望する住まいづくりに合う物件なのか。どんなアレンジがききそうなのか。また、老朽化の程度に問題はないかどうか。そうした気になる点を、ぜひプロの目で見てアドバイスしてもらうことをおすすめします。

リノベーション専門会社に注目してみる

中古物件を買ってリノベーションするというのは、一大プロジェクトです。物件探し、物件購入、設計、工事といった各段階でさまざまな役割の人間がかかわっていきます。また、工事が始まれば、流れをチェックする必要も出てくるし、アクシデントが起きた時の対応もしなくてはいけません。

専門家ではない、しかも初めてリノベーションをする人にとっては難しい点がいろいろあります。まして、全体を把握しながら細かい目配りをしていく役目をこなすには、やはりプロの助けがあればありがたいもの。

しかし、プロが担当すればすべてうまくいくかというと、そうではありません。不動産会社、設計会社、設備工事会社というふうに別組織で担当すると、よほど横の連携ができていないと、必要な情報が共有されなかったりズレが生じたりして、予想外のことも起きやすくなります。

また、会社が大きいほど部署も細かく分かれていて、「担当の部分はよくわかるけれど、全体を把握している人がいない」という事態にもなりがちです。
そこで近年注目されつつあるのがリノベーション専門会社です。

リノベーション専門会社のメリットとは

リノベーション専門会社というのは、中古物件探しからリノベーションの設計・施工、住宅ローンのサポートまでをトータルに扱う会社のこと。サービスの特色は、次の通りです。

▼リノベーションを前提とした中古物件をご紹介
売り出し中の中古物件の中にはすでにリフォーム済みのものも多いですが、専門会社は、リノベーションを前提とした現状のまま（リフォーム前）の中古物件の情報をいち早くキャッチしてご紹介することができます。

▼物件購入費とリノベーション費をセットにした住宅ローン取得のお手伝いをすることができる
このような形で住宅ローンを組むには、物件購入の際にリノベーションの内容や見積もりを銀行に提出しなければいけません。タイミングを間違えると物件価格とリノベーション費用を別々に借り入れることになり、返済条件が不利に

なってしまいますが、その心配がないようにサポートすることができます。

▼リノベーション企画にブレがない

物件契約前にリノベーションの相談をスタートさせ、目的に合った物件に決めることができるので、一貫性のあるリノベーションが可能です。

また、物件購入、住宅ローン取得、リノベーションまでの一連の流れを専属スタッフが担当するシステムの会社なら、いっそうスムーズにお取引することができます。

多くの場合、依頼のタイミングは、まだ物件探しに手を付けていない状態でも、すでに物件のめぼしをつけてからでも、どちらでもOKです。「この物件にほぼ決めているけれど、リノベーションをお願いしたい」といった依頼のしかたでも、もちろん大丈夫です。

どのくらいの築年数までOK？

リノベーション前提であることを忘れずに

マンションは、ちょっとでも人が住めば、あるいは築1年以上経てばもう中古です。

ですから、一口に中古マンションといっても築浅のものから30年以上経ったものまで、非常に幅広くなります。

とはいえ、これから長く住み続けることを前提にマンションを買うなら、やはり築年数は気になりますよね。

リノベーションが前提の場合、一般的には築25年前後の物件に人気がありますが、一概に築何年ぐらいのものがベストとはいえません。

築10年程度の物件よりも、大規模修繕が行われた築25年、30年の物件のほうが、傷みが少なく外見もきれいなことがしばしばあります。

また、80年代半ば頃のバブル期に建てられた中古マンションは、非常にお金をかけて作られた耐久性に優れた物件が多いです。当時はすごく高値だった物件でも、今は手の届く価格になっていますし、立地が良ければ資産価値も今より大きく下がることはなく、バブル以後の物件よりも魅力的だったりします。

P35のグラフのとおり、物件の評価額は築20年ほどで4割ぐらいまでガクンと落ち、それ以降は価格の下がり方がゆるやかになります。

ですから、リノベーション前提で考えるなら、なるべく新しい物件を希望されている方でも、築10〜15年程度でリフォーム前の物件から考えてみるのもいいでしょう。

「新耐震・旧耐震」と「既存不適格」

また、ひとつ大事なのが耐震性の問題です。

81年6月に耐震基準に関する法改正が行われ、新しい法律が施行された後に建築確認された物件は「新耐震」[*2]、それ以前のものは「旧耐震」と呼ばれて区別されています。

ただ、それなら法改正以前の物件はすべて危険なのかというと、そんなことはありません。建物の堅牢さは、個々の物件の設計や使われている建材などによって変わってきます。

旧耐震の物件でも、新耐震の物件にひけをとらない地震に強い物件もあるのです。

[*2] 新耐震
旧耐震が「中規模地震（震度5強程度）でほとんど損傷しないこと」を基準に設計されているのに対し、新耐震は「中規模地震でほとんど損傷しないこと」に加えて「大規模地震（震度6強〜7程度）で倒壊・崩壊しないこと」を基準に設計されている。

中古物件の場合、定期的にメンテナンスが行われているかどうかが重要で、管理体制を確かめることはとくに大切です。そこをクリアしていれば、旧耐震でも安心して長く住むことができるでしょう。

また、旧耐震の物件には設計者のこだわりが感じられる個性的な物件も多く、価格的にも新耐震よりリーズナブルです。そうした点に魅力を感じる人にはおすすめです。

もうひとつ、法律に関することでは、「既存不適格の物件」というものがあります。

これは、建築された当時は法律に則っていたのが、その後の法改正によって新たな基準に適合しなくなった物件のことです。

ただし、そのまま住み続けることは違法ではありません。最初から法律を守らない意図で建てられたものではないからです。

既存不適格の不動産物件は、多くの場合価格が割安です。しかし、どこが不適格なのか、その内容によってはローン審査が通らないこともあるので要注意です。

耐震性（旧耐震と新耐震）と「既存不適格」、どちらについても基本的な知識をそなえていれば、より賢い物件選びができることは間違いありません。

●既存不適格物件

建て替え時に今より小さな建物しか建てられない

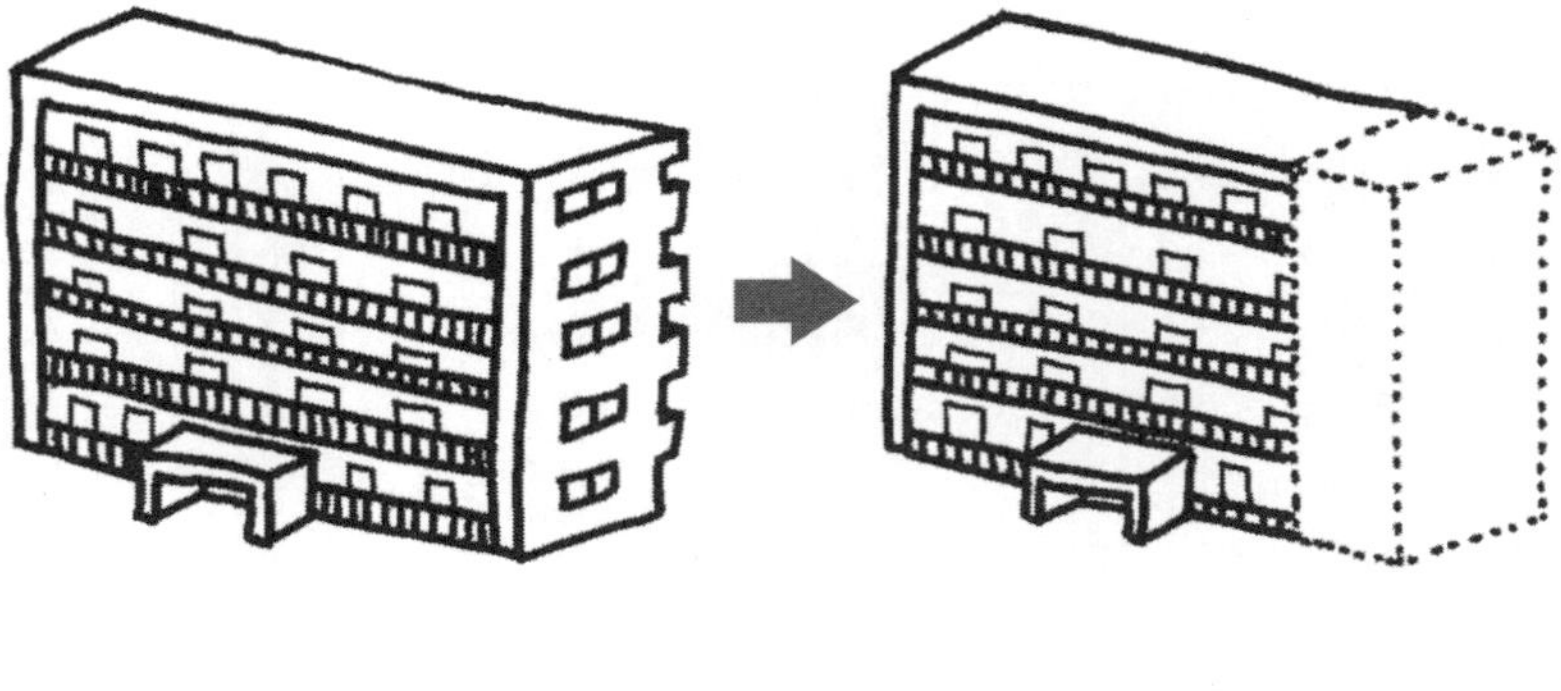

column:02

リノベに最適な穴場エリアとは？

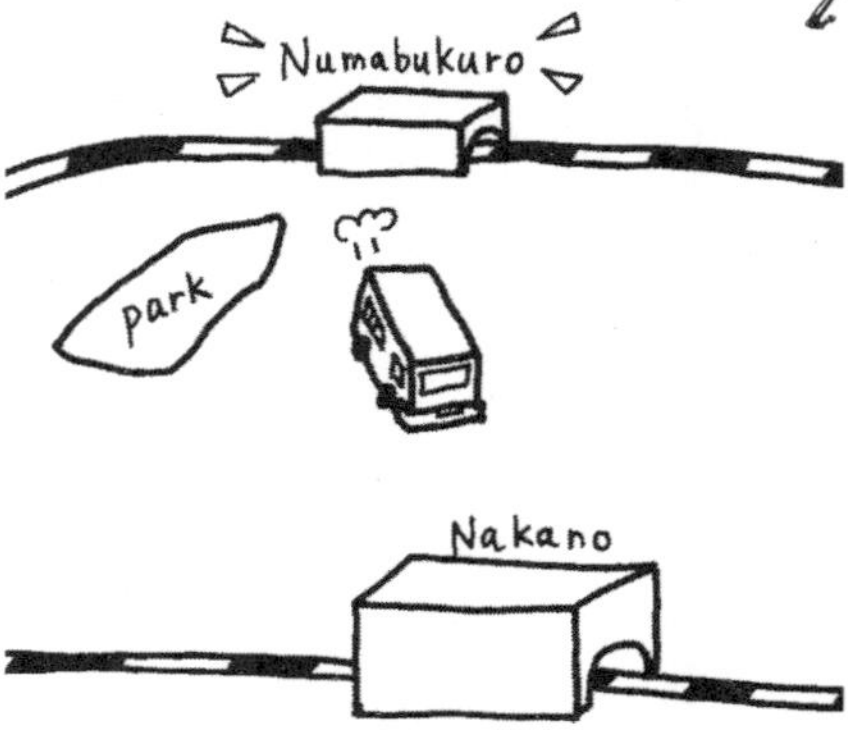

リノベーションの対象になる中古物件は、
同じエリアの同じ広さの新築物件と比べれば価格が安いのはもちろんです。

とはいえ、「都心に住みたい」というこだわりがある場合、相場自体が非常に高いため、中古物件でもかなり割高になってきます。

そこで、予算を守りながらも理想のライフスタイルを実現できる住まいづくりをするために、ちょっと発想を変えてみましょう。

たとえば、人気エリアのひとつ、中央線の中野駅周辺の物件価格はかなり高いですが、そこからほど近い西武新宿線の沼袋駅周辺ならぐっとお手頃になります。

沼袋は緑の豊かな公園もあり、商店街やスーパーも充実していて住みやすい環境との定評があります。

中野駅まではバスが使えるほか自転車でも行ける距離。しかも、中野ブロードウェイを通るので移動する際の環境も寂しくありません。新宿に出るのも電車で約15分と、交通アクセスも良好です。

物件の価格帯は異なりますが、人気の中野に住むのと同じライフスタイルを手に入れることができます。

同じように、中央線の吉祥寺も人気の街ランキングでは必ず上位に出てくる街ですが、駅から徒歩圏内は物件数も少なく価格帯も高額です。それならば、上記と同じ発想で、西武新宿線の武蔵関駅周辺がおすすめです。

大切なのは、あなたのライフスタイルをくずさないこと。

最寄り駅や路線へのこだわりを少しゆるめる程度なら、妥協することなく、希望のライフスタイルを十分キープできるはずです。

あなたの憧れのエリアの周辺に、きっと穴場があります。今日からそんな視点を取り入れて物件探しをしてはいかがでしょうか。

STEP 3　物件の購入

スケジュールの目安

以降、「物件購入の流れ」と「リノベーションの流れ」に分けて説明していますが、両者はほとんど並行して進めていきます。[*1]

物件購入の流れ

まず、1物件探しがスタートすると同時に、銀行へのローン相談もスタートさせましょう。この間、タイミングにもよりますが、平均で1〜3ヶ月程度の方が多いように思います。「これだ！」という物件が見つかったら2物件購入申し込みと同時に住宅ローンの事前審査を申請します。事前審査は、銀行の2営業日〜1週間程度で結果が出ます。

事前審査が通れば、物件の3売買契約を結びます。売買契約時に、手付金や仲介手数料の半金等の大きなお金が必要になります。

売買契約が終われば、契約書等の準備物を事前審査の資料に追加し、ローンの本審査の申し込みを行います。本審査が通れば、1回目の4金銭消費貸借契約[*2]（以降、金消契約）を銀行と結びます。金消契約では、住宅ローンの金利や契約年数

等が決まります。

金消契約が終わると5決済（引渡し）です。銀行から、買主の通帳を経由して売主に物件の残代金が振り込まれます。決済が終わると、物件の登記も行われ、物件があなたの所有物となり、物件購入の手続きが完了です。契約から決済（引き渡し）まで約1ヶ月程度かかります。

リノベーションの流れ

物件の契約が終わると、いよいよ6設計士との顔合わせ、ご要望ヒアリングです。現地調査を経て2週間程度でファーストプランをご提案します。その後、7設計契約を結び、さらに2ヶ月ほどで打ち合わせと見積もり調整を行います。設計契約では設計料の半金を支払います。

見積もり調整が終わったら工事準備期間に入り、施工会社との間で8工事請負契約を結びます。工事請負契約書が揃えば、銀行と2回目の9金消契約を結び、リノベーションに対する初回の融資が銀行から直接、施工会社に支払われます

支払いが確認されれば、リノベーション工事着工です。工事期間は2ヶ月程度。工事が完了すると物件の10引渡し竣工です。無事、引渡しが完了すると3回目の11金消契約・融資実行となり、工事費用の残金と設計料の残金を支払います。

[＊1]
リノベーションの流れについては、P159～161でより詳しく説明しています。
[＊2] 金銭消費貸借契約
金銭を消費するために借り入れる契約。一般には、銀行や消費者金融等の金融機関等が貸主となって締結されることが多い。

物件購入の流れ

1 物件探しスタート

銀行へローン相談
［1〜3ヶ月程度］

2 物件購入申し込み

準備するもの
- ●印鑑
- ●源泉徴収票の写し
- ●健康保険証の写し
- ●身分証明書の写し

住宅ローン事前審査
［1週間程度］

3 売買契約

ここで支払うもの
- ●手付金
- ●収入印紙代
- ●仲介手数料の半金

準備するもの
- ●実印
- ●身分証明書

準備するもの
- ●実印
- ●住民税決定通知書
- ●住民票（世帯全員、本籍不要）
- ●売買契約書等

住宅ローン本審査
［1〜4週間程度］

4 金銭消費貸借契約①

準備するもの
- ●実印
- ●印鑑証明書
- ●住民票（世帯全員、本籍不要）
- ●身分証明書
- ●口座開設用印鑑

最短中2〜3日程度

5 物件決済（引渡し）

準備するもの
- ●実印
- ●通帳・銀行届出印
- ●身分証明書

融資実行

リノベーションの流れ

6 顔合わせ・要望ヒアリング

現地調査

基本プラン作成期間
［2週間程度］

ファーストプラン提案

7 設計契約

ここで支払うもの
- ●設計料の半金

ここで支払うもの

- ●物件の残代金
- ●住宅ローン保証料
- ●登記費用
- ●火災保険料
- ●地震保険料
- ●日割り清算金
- ●仲介手数料の残金
- ●住宅ローン事務手数料

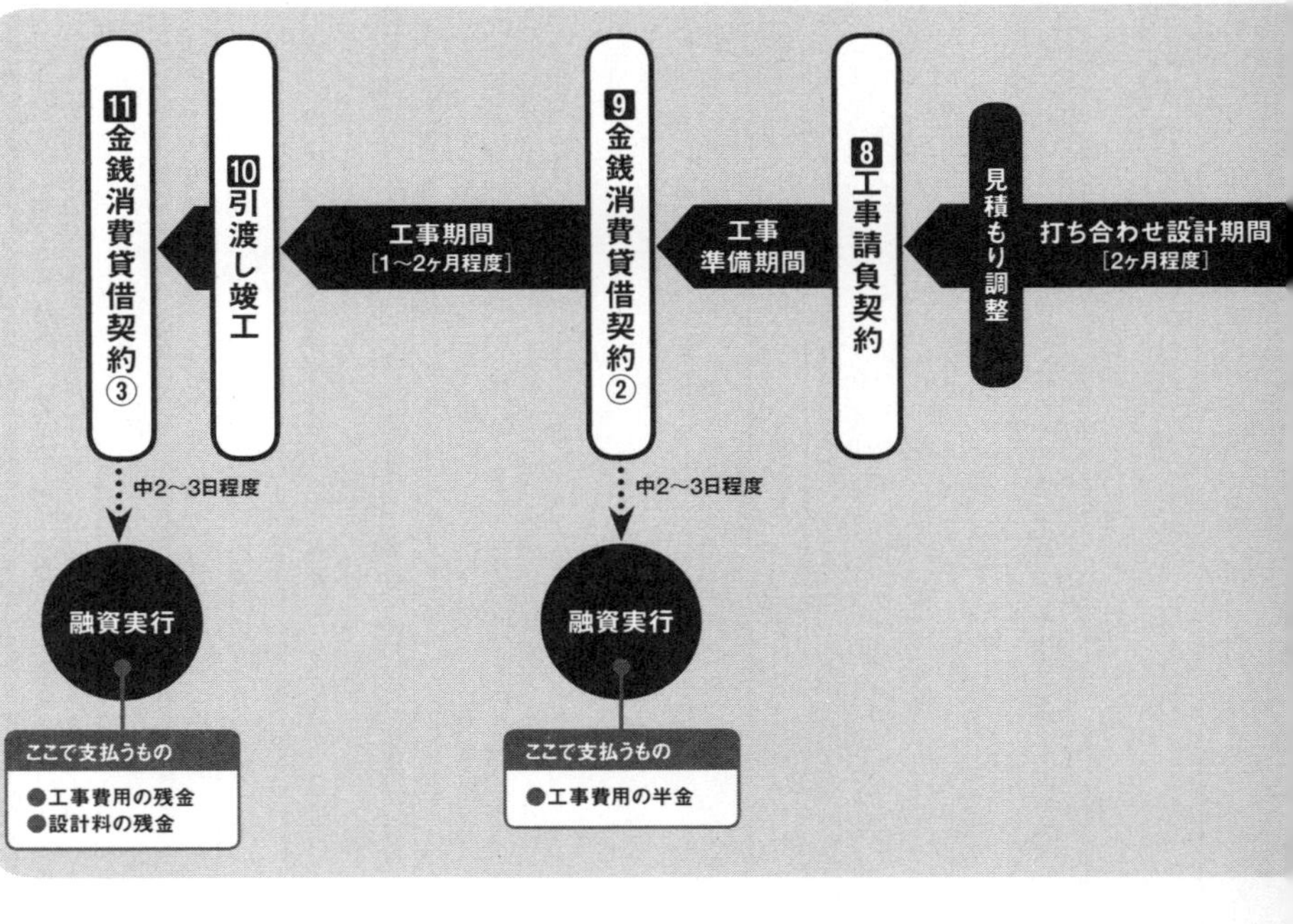

内見時の7つのチェックポイント

リノベーションは、自由に設計できそうなイメージがあると思いますが、実は工事の制限があります。既存の建物に改修工事を加えるため、すべて思い通りになるとは限らないのです。

ですから、リノベーション前提で中古マンションを内見する場合、建物としての質の良し悪しだけでなく「ここをこう変えたい」という希望がどこまで叶えられるのか、調べる必要があります。

ここでは、購入後に後悔しないための7つのポイントをご紹介しますので、内見時にはぜひチェックしてみてください。

❶ 構造――「取れる壁」と「取れない壁」

壁を取り払って広い空間を作りたい人は、要チェックのポイントです。

マンションの壁には、構造上「取れる壁」（取り払っても問題のない壁）と「取れない壁」（取り払ってはいけない壁）があります。

柱と梁《はり》という線で構成されたラーメン構造の建物なら、室内の壁はほぼ壊せる造作壁なので、間取りを自由に変えやすいといえます。

壁自体が構造体となっている壁式構造の場合は、室内に壊せない壁が出てきます。そのため、壁を取り払って広々としたスペースに作り替えるといった計画には適していません。しかし、壁を活かした設計ができるので、その分費用を抑えられるのがメリットです。

取れる壁かどうかを判断するには、内見時に壁をノックしてみましょう。中が響くような軽い音がする場合は、取れる可能性が高い造作壁といえます。

●ラーメン構造

建物を「柱」と「梁」で支えている。

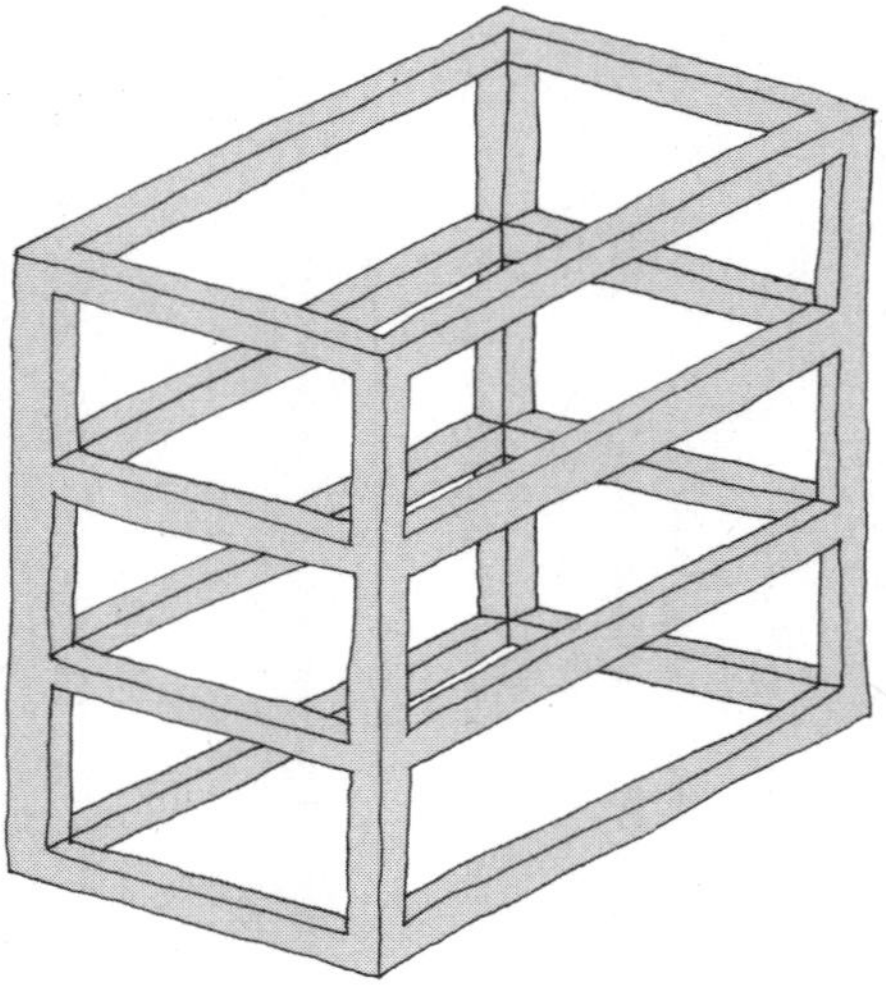

●壁式構造

建物を「壁」で支えている。

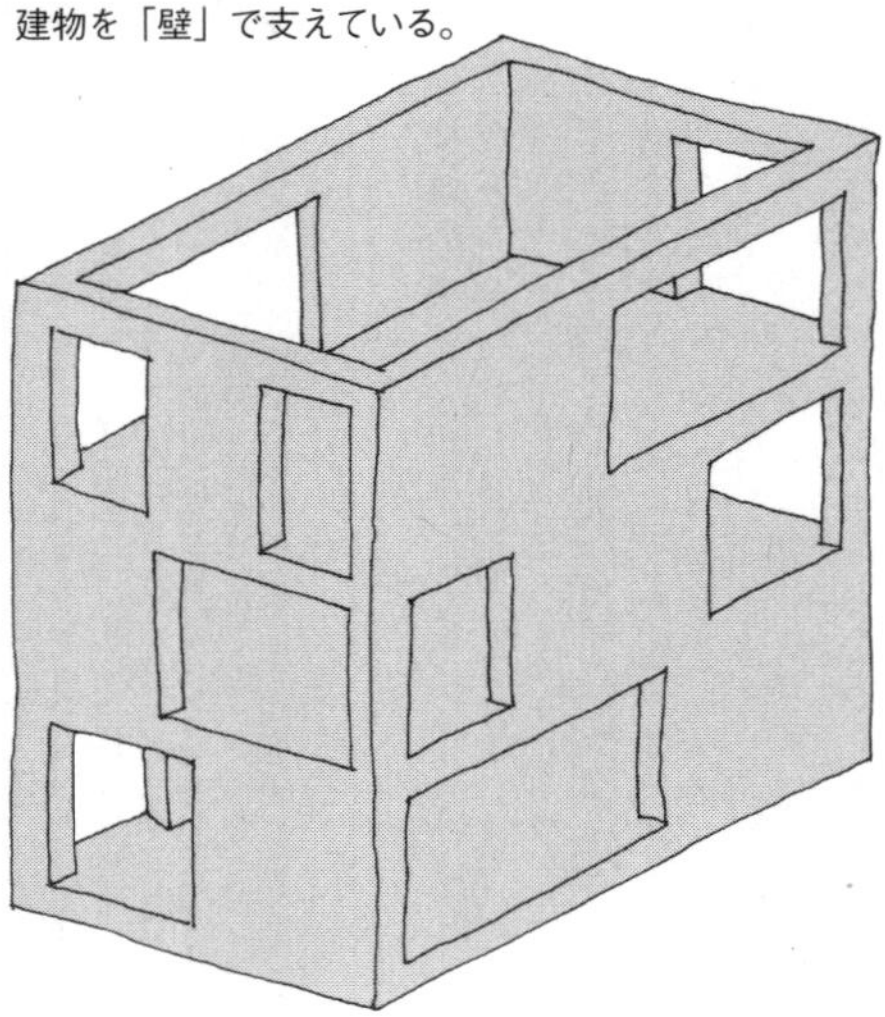

❷床・天井——天井高は上下を確認

続いて床と天井のチェックです。

天井を高くしたいという希望がある時は床と天井を両方チェックしましょう。天井を現状よりも高くできるかどうかは、床や天井の既存の仕上げによって決まります。条件が合う物件なら、リノベーションによって天井高を相当高くすることができます。

まず床ですが、一般的に床仕上げには床[*3]スラブに二重仕上げを施す「二重床工法」と床スラブに直接仕上げを施す「直《じか》床工法」があります。

二重床工法は、床スラブの上に防振ゴム付きの支持ボルトを立てて、その上に床仕上げを行う工法です。

直床工法は床スラブの上に、直接フローリングなどの仕上げを行う工法です。

前述の両工法で無垢のフローリング材を貼る場合は遮音[*4]対策が必要となり、4〜15センチ程度高さが高くなり、その分天井の高さが低くなります。

また、床を踏みつけた時に堅い感触がある場合は、直床工法の可能性があります。

床をたたいてみて「コンコン」と軽い音がした場合は二重床工法の可能性が高く、その場合はフローリング材を貼る時に現状の床の高さから変える必要がないので、天井の高さも維持できます。

●二重床工法　●直床工法

天井仕上げも2種類あります。

「二重天井」とは、天井スラブ[*3]（上階の床スラブ）から内装の天井を離して仕上げる工法です。ダウンライトが埋め込まれている天井も二重天井です。この場合、天井仕上げを撤去して躯体[*5]現しにすれば高さを出すことができます。

反対に天井スラブに直接仕上げを施している「直天井」は、天井裏の空間がないため、これ以上高くできません。ちなみに、最上階は屋上の床スラブの下端に断熱材を施している場合があるので、二重天井の場合でも天井仕上げを取る躯体現しのようなデザインには向いていません。

●二重天井

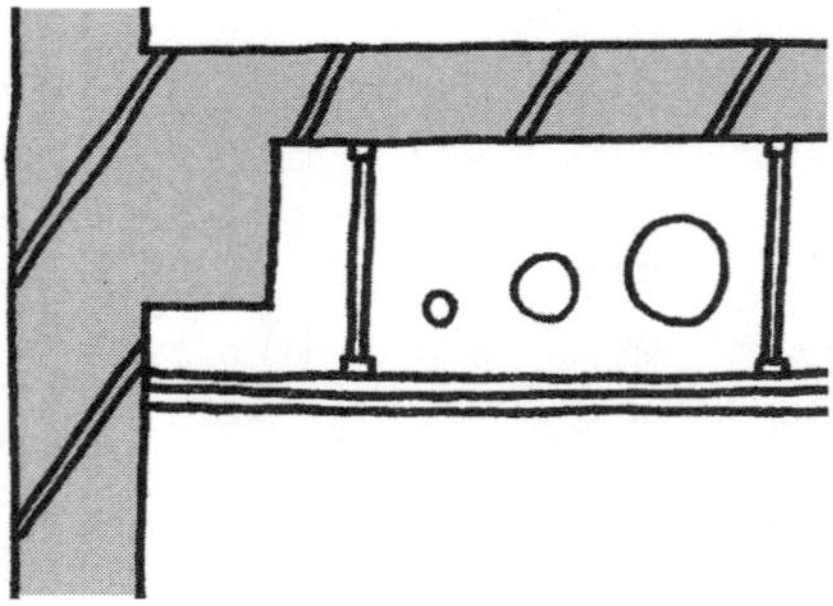

●直天井

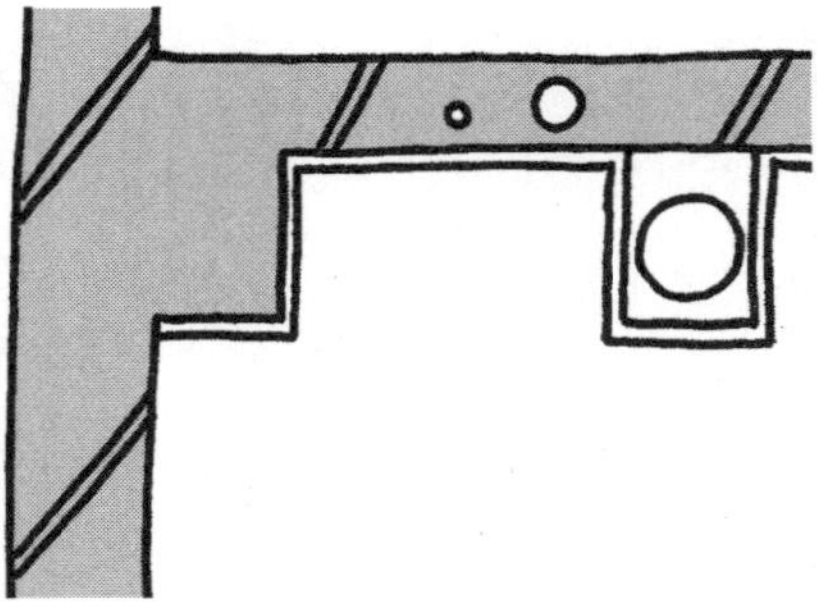

[*3] 床スラブ／天井スラブ
スラブとは床／天井を支えるコンクリートのこと。
[*4] 遮音対策
直床工法の場合は遮音マットを使用するため4cm程度、二重床工法の場合は防振ゴム付きの支持ボルトを立てるため、10～15cm程度床が上がる。
[*5] 躯体
柱・梁・床など、建物の主要な構造体。

内見時に天井の仕上げを確認して、スケルトンにした状態を想像してみましょう。直天井工法の仕上げは、床と同じように手でたたいて確かめてみましょう。また、バスルーム天井の点検口[*6]から天井裏を覗けば、天井スラブの位置も確認できます。

❸ 配管スペース——水回りの位置を動かすなら

水回りの位置を変えたい人は販売図面にも注目しましょう。販売図面に「PS・パイプスペース」「DS・ダクトスペース」の文字を目にしたことがあるかと思います。もし、この文字を「部屋の真ん中」で発見したら注意が必要です。

このパイプスペースはマンションの上下階を貫通している共有配管スペースで、位置を変えることが絶対にできません。

そのため、リノベーションでバスルームなどの水回りの位置を変えることはできますが、遠くへ動かすほど居室の高さに影響が出ます。

たとえばバスルームの位置を大きく変えた場合は床高が上がります。これは横引き配管[*7]に傾斜をつけて排水をスムーズにするためで、その結果床の高さが上がってしまうのです。それと同時に配管設置費用が多少変わることも覚えておい

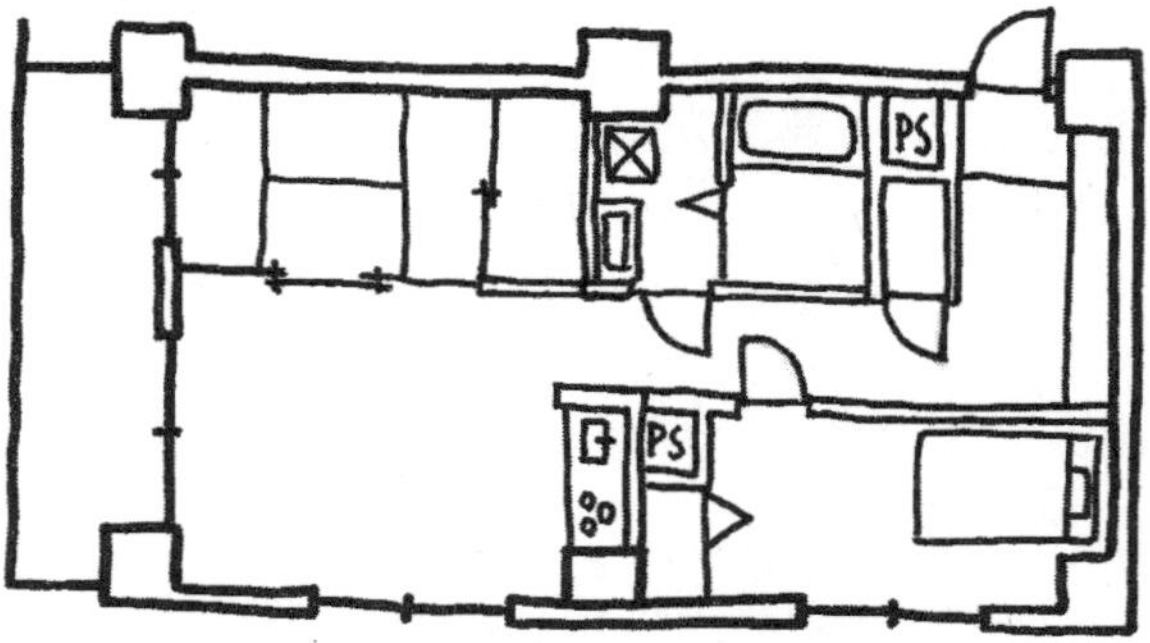

[*6] 点検口
天井や床下などの配線や配管を見るための入口。
[*7] 横引き配管
建物の床下などに、横方向に設置されている設備配管。

てください。

内見時には、思い描くような間取りに変更できるかどうか、図面で確認しておいたパイプスペースの位置をしっかりと再確認しましょう。

❹窓サッシ——専有部分と共有部分の境界だけど

古い物件に使われている「窓サッシ」を、新しいものに変えたい。

そうした場合注意しなくてはいけないのは、基本的に窓サッシは共用部分だということです。つまりマンション全体の持ち物なので、交換する場合は管理組合の許可を取る必要があります。

なぜかというと、窓サッシの交換はマンション全体の外観に影響するためで、なかなか許可が下りにくいと言われています。

通常は大規模修繕で取り替え計画をするものですので、窓サッシの交換を希望する場合は、物件ごとに確認することをおすすめします。

❺管理状態——ゴミ置場も要チェック

中古物件の築年数が気になっている人もいると思いますが、管理のしっかりとした中古マンションは資産価値が落ちにくいと言われています。

古くても、管理状態次第で見た目の印象もかなり違ってきます。

管理の良し悪しを知るには、まず「共用部であるエントランスや植栽の手入れがちゃんとされているか」「ゴミ置場、駐車場、駐輪場などが整備されているか」など、細かい部分を確認することが大切です。

管理における最重要ポイントは「建物の修繕計画と修繕履歴」です。不動産会社に依頼すれば「重要事項調査報告書」をもらえるので、そこで確認することができます。

修繕積立額がどれくらいたまっているかも大切ですが、それ以上に見なければならないのが修繕計画と修繕履歴です。

次の項目を必ず確認するようにしましょう。

□その建物にはきちんとした修繕計画があるか、実際に修繕が行われてきたか、それは計画通りか
□12～15年の周期で大規模修繕が行われているか
□25年に1度、給排水管の取り換えが行われているか
□修繕の回数を重ねるごとに、改良の割合が大きくなった改修工事が行われているか

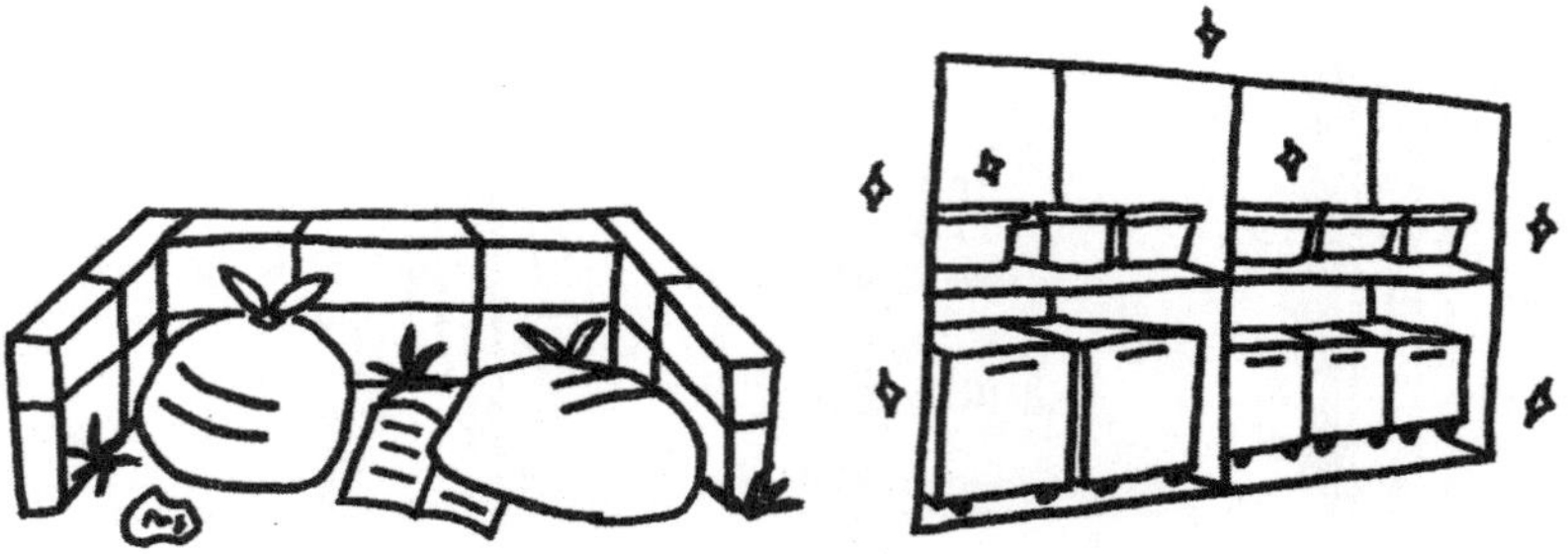

□修繕積立金の値上げの予定はあるか

もし、築20年以上経っているのに1度も修繕を行っていない場合は注意が必要です。どんなにロケーションがよくても、管理がよくない物件はおすすめできません。

内見までに間に合わない場合でも、候補として考えたい物件の場合は、管理状態をきちんと確認するようにしましょう。

❻給湯器・電気温水器――「追い炊き」できますか？

バスルームや設備にこだわりたい人は、この部分をよくチェックしましょう。

古いマンションではよく「バランス釜」が使われています。実は、このバランス釜は、ユニットバスへの交換や追い炊き機能への変更ができない場合があるのです。

ライフスタイルにとても影響する部分なので、注意したいところです。

給湯器の設置場所もチェックが必要です。室内に給湯器がある場合、室外に移設できるかどうか確認しましょう。重要なのは、移設する際に外壁に穴をあける必要があるため、管理規約の制限が入る場合があるということです。

同じマンションの他のお宅を見て、給湯器が外に出ていれば、問題なく移設できる可能性が高いといえます。

もうひとつ注意したいのが、室内に電気温水器が設置されている場合です。これはガス給湯器に変更できないことも多いので、そうした物件を選ぶなら電気温水器のスペースを活かしたリノベーションができるかどうかを担当の設計士に確認してみましょう。

❼管理規約――契約前に絶対確認

管理規約とは、マンションが定めている独自のルールのことです。リノベーションに関わることでは、専有部分の用途や内装工事に関する規定、フローリング工事に関する規定などが定められています。

その内容によって、思い描いていたリノベーションができないこともあるので、これも必ず確認します。

実際に、規約のために「カーペットからフローリングに変更できない」「室内のコンクリートブロックが壊せない」などの例もあります。

また、ルーフバルコニーも共用部分なので、そこにウッドデッキを作りたくても禁止されていてできないことがあります。必ず確認しましょう。

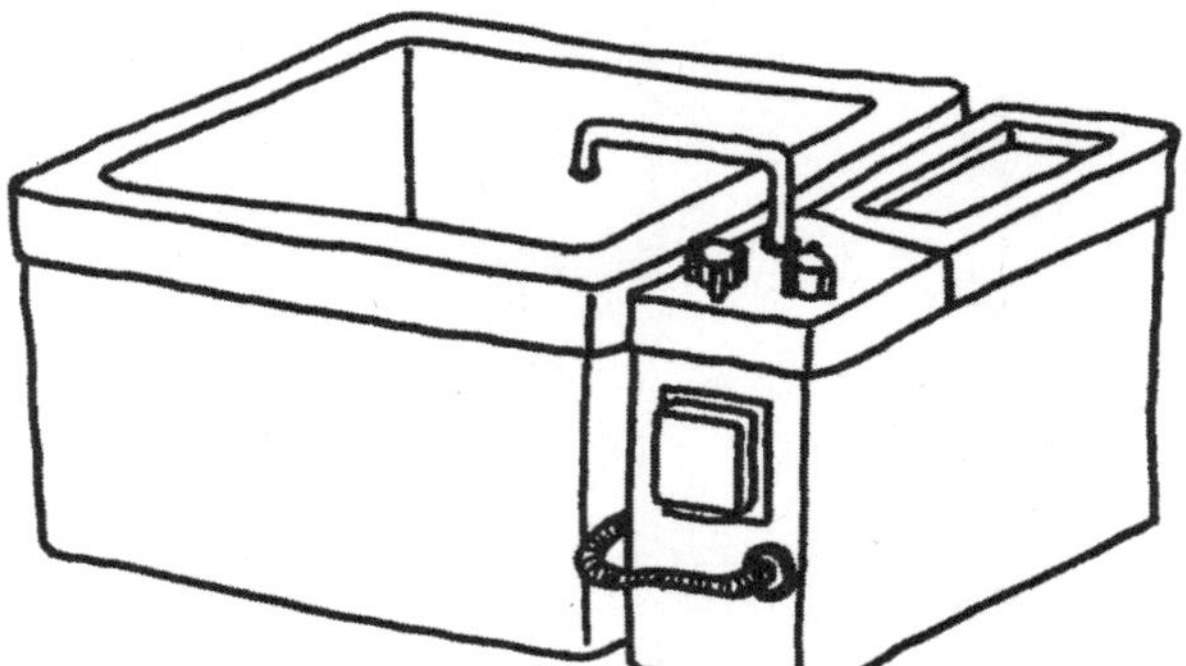

このような問題が起きないように売買契約前に管理規約の確認を徹底することが必要です。

また、管理規約に記載がない場合でも直近の管理総会で決まっていることもあるので、「総会議事録」も併せてチェックします。

そして、売買に当たって売主に提出する、買付証明書［P96］にて壁の新設を含む工事を行う予定であることを伝え、規約上の制限、または新たに総会で決まった規約などがあれば教えてほしい旨を依頼しましょう。

このようにいろいろな注意点はありますが、古いマンションへの入居は大なり小なりリフォームを伴うことが多いので、過去の事例もあり、管理組合側の理解が比較的得られやすいといえます。

むしろ手がかかることが多いのは、比較的新しいマンションで大規模なリフォームの事例がない物件です。そうした物件ではリノベーションの申請までに時間がかかったり、管理組合への説明会が必要になる場合もあります。

●「買付証明書」書き方見本

物件購入申し込みの際には、売主に宛てた「買付証明書」を作成します。これによって購入や契約が確定するわけではないので、売買契約が締結される前ならば、ペナルティなしで取り消すことができます。

〈書き方見本〉

買主様へ
意志表示の大切な書類となります。
事前に必ず内容ご確認の上、不明点がありましたらお申付下さい。

買付証明書

★記入した日付
↓
平成 〇〇年〇〇月〇〇日

売主　様

★ 共同名義の場合は連名で記入
担保提供がある場合は
事前にお知らせ下さい。 →

買付者　住所：渋谷区広尾 1-15-7 3F
氏名：山田 太郎
□ 氏名：

下記物件を下記条件により、買い付けますことを証明致します。

★ 図面住所を記入

買付物件の表示	
物件名	アドビルディング
部屋番号	301 号室
所在地	渋谷区広尾 1-15-7

★図面に号室の記載が無い場合は空欄

購入の条件	
売買価格	3,000 万円
手付金	150 万円
契約時期	来週末を希望
引渡時期	平成 00年 00月 00日
その他条件	□室内改修工事についての注意点、または管理規約上や総会などで決まった規約があれば事前にお知らせください。
	□壁の新設含む改修工事を行います。管理会社・組合等へ工事可能か確認下さい。
	□アンペアの容量制限があれば事前にお知らせください。
	□全面改修工事予定のため、瑕疵担保責任は免責で結構です。
	本書に記載なき条件については、別途協議と致します。

★手付金 目安
売買価格の5%。
(100万円以上とするのが慣例です)

本書の有効期限　平成 〇〇年 〇〇月 〇〇日
↑
★買付を申込む日から2週間後程度

仲介会社：Style & Deco

株式会社 Style&Deco
〒150-0012　東京都渋谷区広尾 1-15-7　アドビルディング 3F
Tel:03-6450-2842　Fax:03-03-6450-2843
宅地建物業者免許番号　東京都知事（1）第 92694 号

担当：

こんなマンションは要注意！

買ってから「しまった！　こんなはずでは……」とならないために、要注意物件の見分け方もぜひ覚えておきたいですね。

それには、内見時の7つのポイントをチェックした上で「重要事項調査報告書」の内容もしっかり見ることです。

不動産会社には、管理組合の詳しい状況を提供する法的な義務があるので、管理会社を通して書面で情報を手に入れることができます。

そこには管理費その他に関するさまざまな項目が記載されていますが、とくにチェックしたいのが次の3つです。

▼修繕積立金の積立総額

積立総額は、単純に金額で見てはいけません。大規模修繕がまだなら金額が多くて当然ですし、終わってそれほど経っていなければ当然少なくなっています。

そう遠くない時期に大規模修繕があるのに積立総額が少ない場合は、要注意です。未払いの人の存在など、何らかの問題があるかもしれません。

▼工事履歴・工事予定

これまでに行われた細かい工事（塗装工事や排水管洗浄工事など）の履歴を見ます。

そして前回の大規模改修工事はいつどんな内容の工事が行われたのかという点と、これからの工事予定も確認します。

築20年以上で1度も修繕が行われていないような物件は要注意です。

▼修繕一時負担金の有無

修繕を行う時に、積み立ててある修繕積立金が足りない場合には一時負担金を徴収される場合があるので、その有無を確認します。

契約書の読み方

物件が決まったら、いよいよ不動産の売買契約です。この契約を結ぶことによって、売主には買主への物件の引き渡しと登記移転の義務、買主には代金支払いの義務が生じます。

1度契約を結んだら、簡単に内容の変更はできません。お互いに合意した内容が契約書にきちんと盛り込まれているかどうかチェックしましょう。

条文の内容は、一般の人にとっては難しく感じる部分が多いようです。契約書のフォーマットも、取引の種類や条件、売買を仲介する会社によって異なります。

契約当日は、宅地建物取引主任者から書面と口頭での「重要事項説明」が行われますので、納得した上で、契約を結んでいただくことができますが、重要事項説明書および契約書は、事前に必ずチェックするようにしましょう。

ここでは、売買契約書に記載される基本的な内容と、とくに、リノベーションを前提とした契約の場合に注意すべきポイントを重点的にお伝えします。

①当事者の氏名および住所

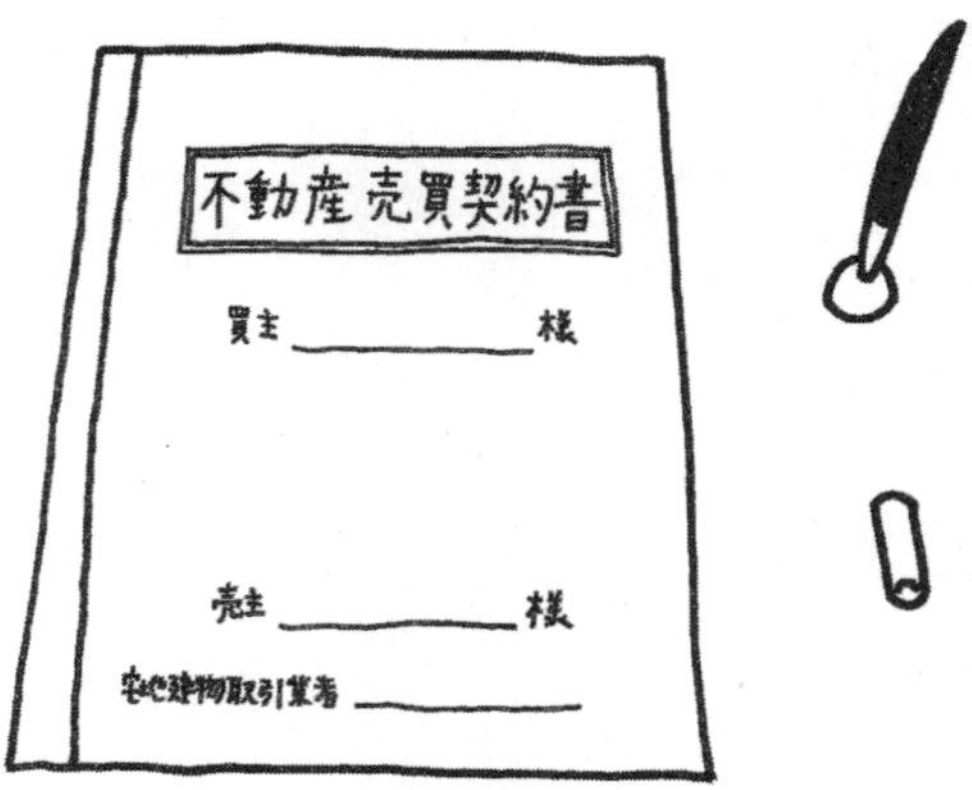

売主と買主が住所氏名を書き込みます。

②売買対象の不動産の表示

取引物件の名称。登記簿の記載通りになっているか照らし合わせて確認します。

③売買代金およびその支払い方法

売買代金の総額、手付金、中間金、残代金の支払い時期と支払い方法について定めています。正確な数字が記載されているかどうか確認します。

④引き渡しの時期、所有権移転時期、登記申請について

引き渡し、所有権移転、登記申請の時期が記載されます。引き渡しの時期と、所有権移転および登記申請の時期は同時になるのが一般的。もし異なっている場合は理由を確認します。

⑤売買代金の清算について

⑥売買代金以外の金銭の授受についての定め

登記費用、印紙代、公租公課[＊8]など、取引に伴って負担者や負担割合を決める必要のある費用に関して、売主・買主がどんな割合で負担するかを定めています。

⑦手付解除その他の契約解除に関する定め

買主は手付金の放棄により、売主は手付金の倍額を買主へ支払うことによって売買契約を解約できるという内容になっているのが一般的です。

[＊8] 公租公課
国や地方公共団体に治める負担の総称。一般的には「公租」が所得税や住民税など、「公課」は健康保険料や社会保険料を指す。土地建物では、固定資産税、都市計画税、不動産取得税のこと。

⑧契約違反の場合の取決め

買主または売主が期限を定めた義務を果たさず、契約に違反した場合の措置について記載されます。

⑨ローン利用の特約

住宅ローンを利用する場合、買主が融資を受けられなかった場合の措置とその期限について記載されています。もし買主に住宅ローンが下りなかった場合は、契約の続行ができなくなるので、この条項に基づいて契約を解除します。

一般的な内容は「約束の期限までにローンを利用できないことが判明した場合は無条件で解約でき、売主は手付金などを全額返還する」というものになります。

住宅ローンを利用するならこの特約事項は重要なので、しっかりと確認しなくてはいけない部分です。

リノベーション費用も含めて住宅ローンを組む場合は、とくに気をつけましょう。物件価格とともに、リノベーション費用も含まれた金額がきちんと記載されていることを確認しましょう。

物件価格のみの記載になってしまっていると、リノベーション費用の借り入れができなかった場合でも、この特約による契約解除ができなくなってしまいます。

またそれ以外に、買主が一定の手続きを行わなかった場合も、この条項による契約解除ができなくなることがあります。契約後の借り入れ手続きはスピーディーに行いましょう。

⑩天災地変などの不可抗力による損害賠償

契約から引き渡しまでの間に、地震や台風などの不可抗力によって取引物件に損害が発生した場合、その責任と負担について定めています。

⑪瑕疵担保責任

物件の引き渡し後に、買主が普通に注意して見てもわからなかった物件の不具合（隠れた瑕疵＝品質・性能の欠陥）が見つかった場合、売主の修復などの責任について定めた内容が記載されます。

よくある例としては、雨漏り、シロアリ被害、建物が傾いているなど、客観的に判定できる不具合がこれに相当します。後になってそのような瑕疵が判明した場合、不動産会社を通じて、売主の費用負担による修復を求めることができます。

もし重大な瑕疵があった場合は、損害賠償や契約の解除という事態になることもありえます。ただし修復と損害賠償、あるいは修復と契約解除を同時に求めることはできないので注意しましょう。

また、あくまでも「隠れた瑕疵」であることがポイントで、同じ不具合でも、売主から買主に事前に知らされていた場合は責任を問うことはできません。

瑕疵担保責任は不動産売買で非常に大切な項目ですが、リノベーションを前提としている場合、水漏れの原因となる設備配管はすべて取り替えることや、大掛かりな工事が行われるために瑕疵の責任があいまいになってしまうことがあり、価格交渉の段階で、売主に瑕疵担保責任を問わないことを条件に交渉する場合もあります。［P61］

⑫公租公課の分担の取り決め

固定資産税、都市計画税などは、引き渡し日を境に日割りで清算しますが、その精算方法について書かれています。一般的には、東日本ではその年の1月1日が起算日、西日本では4月1日が起算日になっています。

「付帯設備表」とは？

売買契約書に付いてくる「付帯設備表」という書類には、売買の対象となる物件の設備について、細かく記されています。

たとえばキッチン関係なら、流し台、換気扇、ガスコンロ、給湯器、食洗器などの設備の有無や、劣化の具合なども書かれています。

同様に、バスルーム・洗面・トイレ、冷暖房関係、照明、収納、玄関・窓その他、それぞれにどんな設備があるか、どんな状況かがわかります。

設備をすべて交換するリノベーションが前提であっても、付帯設備表はきちんとチェックしておきましょう。というのは、予算減額などの理由から、既存の設備を利用する可能性もゼロではないからです。

利用できると思っていたものが、もし利用できないと、追加費用が発生することになります。例えば給湯器。交換をすると、グレードにもよりますが10〜20万円前後の費用がかかります。あと、よく問題になるのが古いエアコンです。引き渡し前に撤去してもらうのか、残しておくのかを確認しておく必要があります。「撤去してもらえると思っていたのにそのままだった」などと、後々もめないためにも、しっかりチェックをお願いします。

不具合のある設備については、引き渡しから7日間以内の申し出で、売主の負担で修理してもらうのが一般的ですが、リノベーション前提の場合はすぐに入居しないことが多く、「いざ使おうとしたら使えなかった」ということもありえます。既存利用の可能性がある方は、引き渡し後、設備が実際に使えるかどうかチェックするようにしてください。

中古不動産の取引の場合、原則として「現状有姿」(今あるそのままの状態)での引き渡しとなるため、新品に交換してもらえるわけではありませんが、修理を依頼することができます。

契約の解除

一度売買契約を結ぶと、当事者はその契約内容を遂行することが求められ、原則として一方的に解除したりすることはできません。

しかし、やむをえない理由があれば、一定の条件の下では契約解除ができるようになっています。

とはいえ、契約を完全に白紙にできるケースは限られていて、それ以外の場合には何らかの代償を支払って解除することになります。

どちらにしても、契約後の解除はできるだけ避けたいもの。買主の心得としては、契約書に署名する前に、資金計画や物件に関して慎重に検討しておくことが大切です。

契約の解除は、内容によって次のように分けられます。

▼特約による白紙解除

売買契約を結ぶ時に特約を付けることで解除することが可能になります。

この中で多いのが、融資利用の特約による解除です。つまり、買主が住宅ローンの融資が受けられなかった場合には、契約を白紙にできるというものです。

物件購入の流れ［P84］を見てもわかるように、金融機関からの融資が受けられるかどうかが確定するのは、売買契約締結の後です。融資が承認されなかった場合や、申請金額の満額を借りることができなかった場合、買主は契約を守ることが難しくなります。

そうした場合の救済措置として、「買主の責め（責任）によらずに融資の承認が得られない時には、買主は売買契約を解除することができる」という特約を付けることができます。

これ以外にも、売主と買主が合意の上で、一定要件を満たした場合の特約を付けることがあります。

これらの特約で売買契約が解除になったら、買主は物件を契約前の原状に回復させることが求められ、売主から手付金など納めた金額の全額が返還されます。違約金は発生しません。

▼手付の放棄による解除

契約時は売主に手付金を支払いますが、この目的をはっきりと定めていない場合、民法では解約手付という位置づけになります。したがって、契約成立から相手方が契約履行に着手するまでの間なら、手付金を放棄することで契約を解除することができます。

この時、買主は支払った分の手付金を放棄することによって、売主は受け取っていた手付金の倍額を優遇する（支払う）ことによって契約を解除できます。

「契約履行に着手する」とはどんなことかというと、売主側は所有権移転登記の申請など、買主側は売買代金を支払って物件の引き渡しを求めるなどの行為があった場合です。そうした行為があった場合は手付放棄による解除はできません。

▼契約違反による解除

売主、買主のどちらかに契約違反があった場合、一定期間内に契約の履行を求める催告をしてから解除を通知します。

この場合契約解除によって生じた損害賠償の請求ができますが、契約違反による損害を正しく算出するのは難しいため、あらかじめ契約書で損害賠償額の予定（違約金）について定めておけば、その金額を支払うことによって解決することができます。

▼引渡し前の滅失などによる解除

売買契約を結んだ後、物件が売主から買主に引き渡される前に天災地変などが原因で使用できなくなったり、物件そのものがなくなってしまうことがあります。

一般的な契約書では、そうした場合は契約締結後でも契約解除ができるように定めています。

また、こうした状況でも修復が可能なら、売主が修復して買主に引き渡すようにするのが普通です。

こうした場合の契約解除があった時は、売買契約前の原状に回復するとともに、買主が納めた手付金などは全額返還されます。違約金は発生しません。

▼クーリングオフ

個人間の取引ではクーリングオフは適用されません。しかし、売主が個人でなく宅地建物取引業者で、物件の引き渡しをまだ受けていないなど、一定の条件を満たしている場合のみ、契約締結後8日以内なら適用されることがあります。

マンション エコデコ
はじめまして!
はじめまして!

column:03

素晴らしき団地ライフ

団地＝ダサい、古臭いというイメージがありませんか?

実は以前の私もそうでした。でも、今の住まいに引っ越す前、団地に住んだ時期があったのですが、住んでみてそのイメージは一変。今まで気づけなかった素晴らしい環境がそこにはありました。

たとえば目の前に公園があってぼーっとできたり、初めはさわがしいと思っていた子供たちの遊ぶ声に癒されている自分に気づいたり。

独身の頃はターミナル駅付近の住まいを選び、日々仕事に追われ、心にも時間にも余裕がなかったと思います。でも団地で暮らすようになったら、目の前の公園を見ているだけで季節の移り変わりを楽しめるようになりました。団地のゆったりとした造りがもたらす開放感や同じ棟の人たちの顔と名前が一致する安心感。お布団をパンパーンと気持ちよく干せるベランダ。そうしてだんだん人間らしさを取り戻していった気がします。

エコデコ立ち上げの際、そんな自身の体験から、団地をリノベーションする暮らし「団地マニア」をどうしても提案したい想いがありました。

不動産業界の先輩方からは、物件価格の安い団地を取り扱う変わり者として、「団地妻」という名誉ある（!?）ニックネームもつけていただいたのですが、この提案に、同じ団地マニアが集い、実際に団地をリノベーションして暮らすお客様も増えました。若い世代が団地の魅力を改めて見いだし、工夫し、素敵に住む例が増えている。これはとても素敵なことだと思います。

ただひとつ残念だったのは、私の住んでいた団地はリノベーションの許されない賃貸物件だったことです。住めば住むほど「リノベーションしたい熱」が膨らみ、現在のマンションに引っ越すことになりました。

でも団地への熱い思いは今でも変わらず、「団地を購入してリノベーションを楽しむという選択肢」を広くアピールし続けていきたいと思っています。

団地リノベの魅力に共感していただけたなら、もしかしたら、あなたが団地マニアの仲間入りをされる日も近い（?）かもしれませんね。

住まいづくりのこと

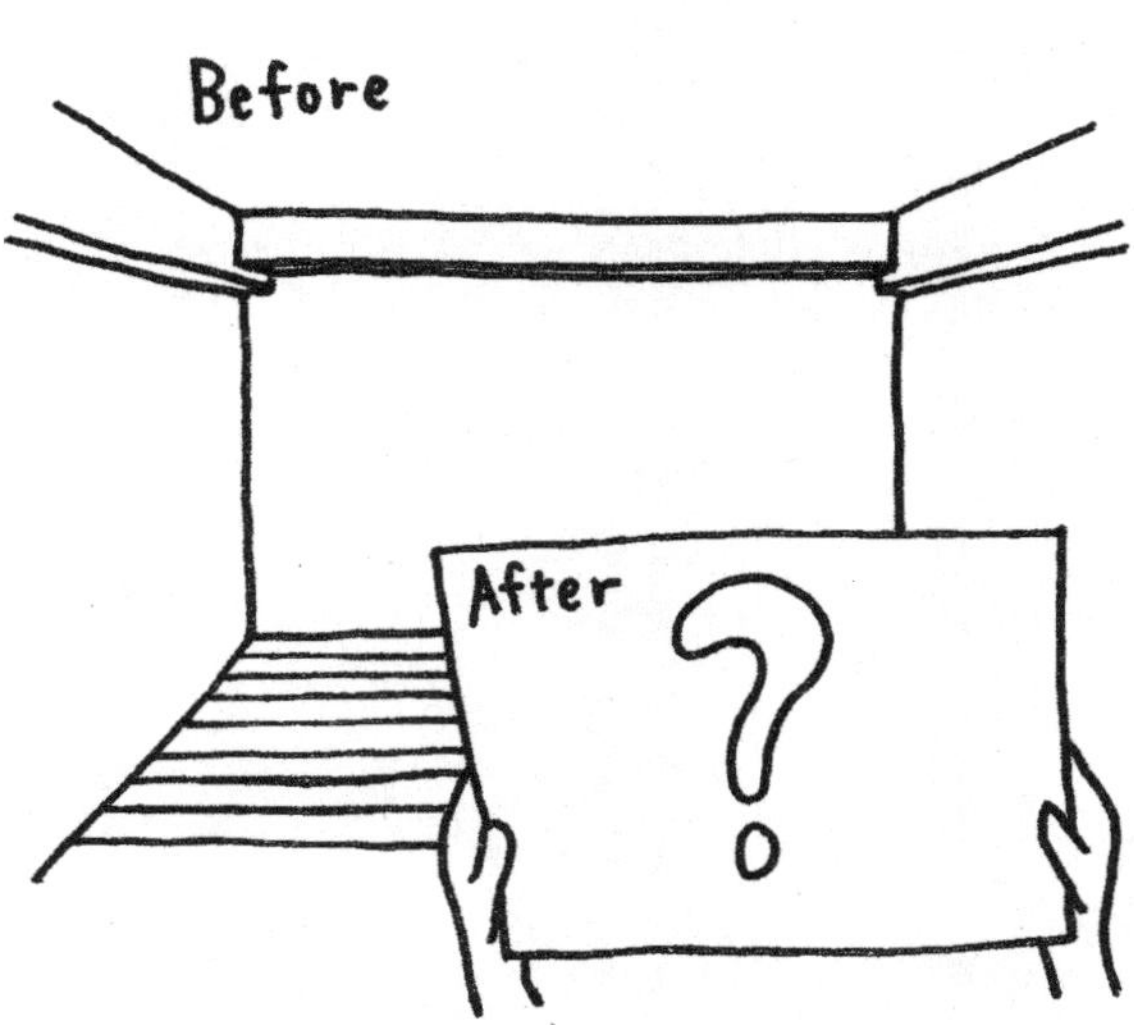
Before
After

STEP 4 設計・デザインのこと

ここまでできる!

リノベーション実例集

中古マンション+リノベーションで、
暮らしはここまで楽しくなる!
EcoDecoが住まいづくりをお手伝いした
お客様の中から、3件の素敵な実例を
ご紹介します。

宇都宮邸

ラフで味わいのある空間を自由にアレンジ。暮らしながら育て続ける家

外光が気持ちいい緑豊かな環境で自分らしく暮らす、
そんなイメージを出発点とした宇都宮さんの住まいづくり。
多摩川にも歩いていける抜群のロケーションを得て、
「自分たちでできることは自分たちで」と、DIYにも果敢にチャレンジ。
心地よい空間で好きなものに囲まれ、自由に進化させていく暮らしを
ご家族みんなで楽しんでいらっしゃいます。

アメリカ西海岸の雰囲気を目指したリノベーション。打合せの段階で、たくさんの
ビジュアルイメージを共有したことで、ブレなく遊び心あふれる空間が実現。

リビングダイニング

もともとの壁を取り払い
ひと続きの空間に

日当りの良いダイニング。フローリングはビンテージ加工したボルドーパイン材を使用し、使い込まれた感を再現。テーブルは今後DIYで制作予定。

ダイニングとひと続きのリビングスペース。基本的に家具はこれまで買い集めてきたものばかり。

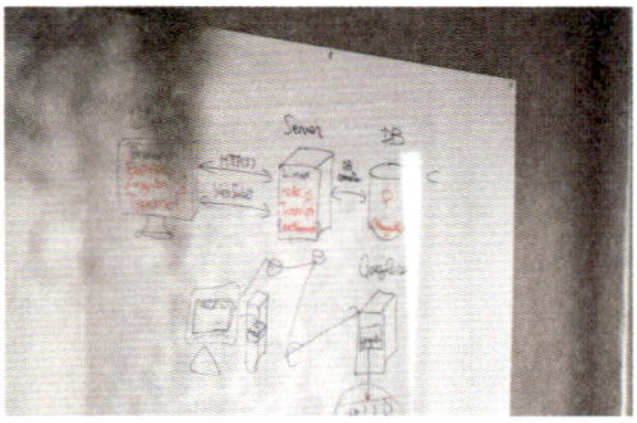

シリコンバレー風にホワイトボードを設置。家族会議もこれでばっちり。

お気に入りのファブリックがカーテンに。クリップタイプなので気分次第で交換も簡単。

壁の塗装もDIY。家族みんなで塗った壁を眺めると、愛着もより一層。

光と緑あふれる環境で自分らしく暮らしたい

「最初は戸建てやデザインが売りのマンションも検討していた」という宇都宮さん。お子様の保育所の関係で、エリアを限定しつつ物件を調べていくうちに、「同じ予算なら中古マンション＋リノベーション！」と判断し、ずっと気になっていたというエコデコにご依頼いただきました。

そして出会ったのが、外光が気持ちいい緑豊かな環境という希望に合った、多摩川近くの日当たりの良いマンション。ここを舞台に、「自分らしく暮らす」というもうひとつの（そして一番大事な！）希望をかたちにする、ワクワクする作業の始まりです。

キッチン

ドアの向こう側の景色が一変

BEFORE

玄関ホールで真っ先に目に入る奥の棚はDIYで制作。右側の上下つっぱり式のハンガーラックには家族3人分の衣類を収納。アパレルショップ勤務経験のある奥さまがきれいに畳んで、お店のようなコーナーに。

植物を成長させるように暮らしをつくり上げる

「家族ブレストの結果、感覚は似ているけれど気になるポイントが違う」というご夫婦と、イメージを共有すべく話し合う中で、「ラフ」というキーワードが見つかりました。

　ツルツルピカピカ素材が苦手で、使用感のあるテイストが好き。家具も収納も住みながら考えていくのが自分たちらしい。

　そんなお二人の感性を受けとめ、「植物を育てるように、自分たちの手で時間をかけてつくり上げていく暮らし方」をご提案。余分なものを加えない、自由な発想が生きる空間を目指しました。

コンロは施主が調達。インターネット等で安く手に入る場合は、自ら購入してコストを抑える。

水回りを移動したため、給排水管配管に合わせて床の高さをアップ。

キッチンの収納棚は元々あったものを再利用。レトロな雰囲気で状態がよかったので大工さんに手を加えてもらって、きれいに生まれ変わった。

玄関

普通の玄関が収納スペースに変身

窓は外光を取り入れて、玄関ホールを広場のように見せる役割を果たしている。窓枠と扉枠には黒を効かせ、ホールの雰囲気を決めるアイテムに。

入居後も続くリノベーション
住まいの進化は止まらない

ご夫婦で壁の塗装にもチャレンジされ、住まいは引っ越し後もどんどん進化中。追加の塗装にオリジナルの収納棚。お気に入りの家具たちは気軽にレイアウトを変えて、気分はノマド。壁の色だって何年か経ったら変えるかも？　楽しみながらクリエイティブに暮らしを育てていくお二人の姿は、とても刺激的です。

「本当に毎日楽しいです。暮らしやすい空間で、自分たちの好きなものに囲まれて暮らすって、こんなにも人生を豊かにしてくれるんだなぁと、改めて感じます」

水回り

色を変えるだけでまったく違う雰囲気に

壁は職人さんが白一色で塗った後、DIYで一面だけアクセントカラーをプラス。色は「ナイトピクニック」。

シナ合板のドアを無塗装で作ってもらい、自分たちで染色。既存のレバーハンドルを再利用し、新しいものにはない味をプラス。

RENOVATION POINT

DIY

「できますよ」と設計スタッフに背中を押され、壁の塗装をDIY。初心者ながら、リビング、洗面所、キッチンなどの塗装を3日で完了。「自分たちで塗ると愛着が違います!」

壁の塗装

DIY塗装のスケジュールはお盆休みに設定。初日は塗料メーカーのサービスを利用し、職人さんのレクチャーを受けながらぬりぬりコロコロ。慣れてくると楽しい!好きな音楽をかけながらペースも徐々にアップ。

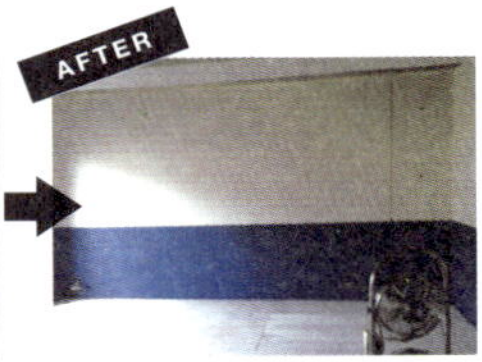

最も面積の広いリビングの壁は、アメリカの体育館(?)をイメージしたツートンカラーに。1面は躯体のまま残してラフな感じを演出。午前と午後で2度塗りして無事に完成!

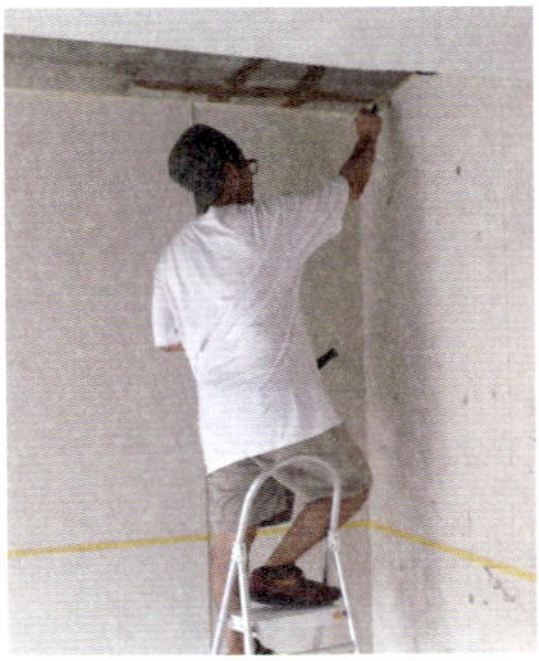

まずはホコリを払って壁面をなめらかに。次に、仕上がりを左右する養生(塗装しない面を汚さないようテープを貼る)。力を入れずにローラーを当てるのがきれいに塗るコツ。

その後のDIY

入居後も、躯体現しにしておいたエントランスの壁を塗りたくなり、お子さんが寝てからご夫婦で塗装したり、衣類や靴の収納アイテムを手作りするなど、DIYで空間にまた新たな表情が生まれた。

玄関ホール前に設置したオープンクローゼットは、木の味わいが壁や土間にしっくり合うリンゴ箱。ボックス同士をクランプで固定した。

お気に入りのクリーム色と紺色の壁に合わせた、家族おそろいのTシャツ。ちょっとした遊び心でますます暮らしが楽しくなる。

リビング以外の床はタイルとモルタル。冬場冷えないように、手作りの革製スリッパを調達。革の色合いと柔らかさが超お気に入り。

POINT 3

小さな段差が思いのほか便利！

キッチンの位置を変更するための配管スペースを確保した結果、小さな段差ができた。そこは今や、家族がちょっと座って話すのにちょうどいい井戸端会議スペース兼子供の遊び場に。

BEFORE

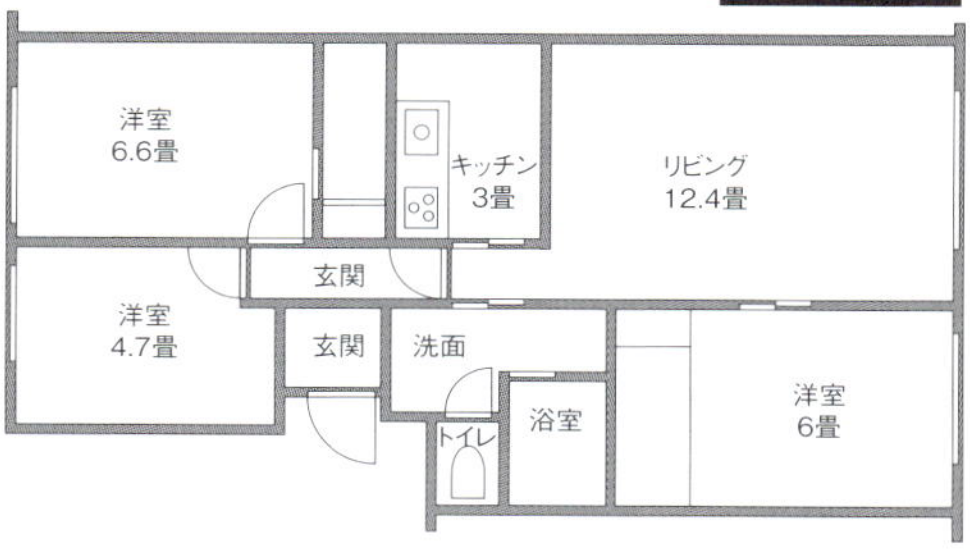

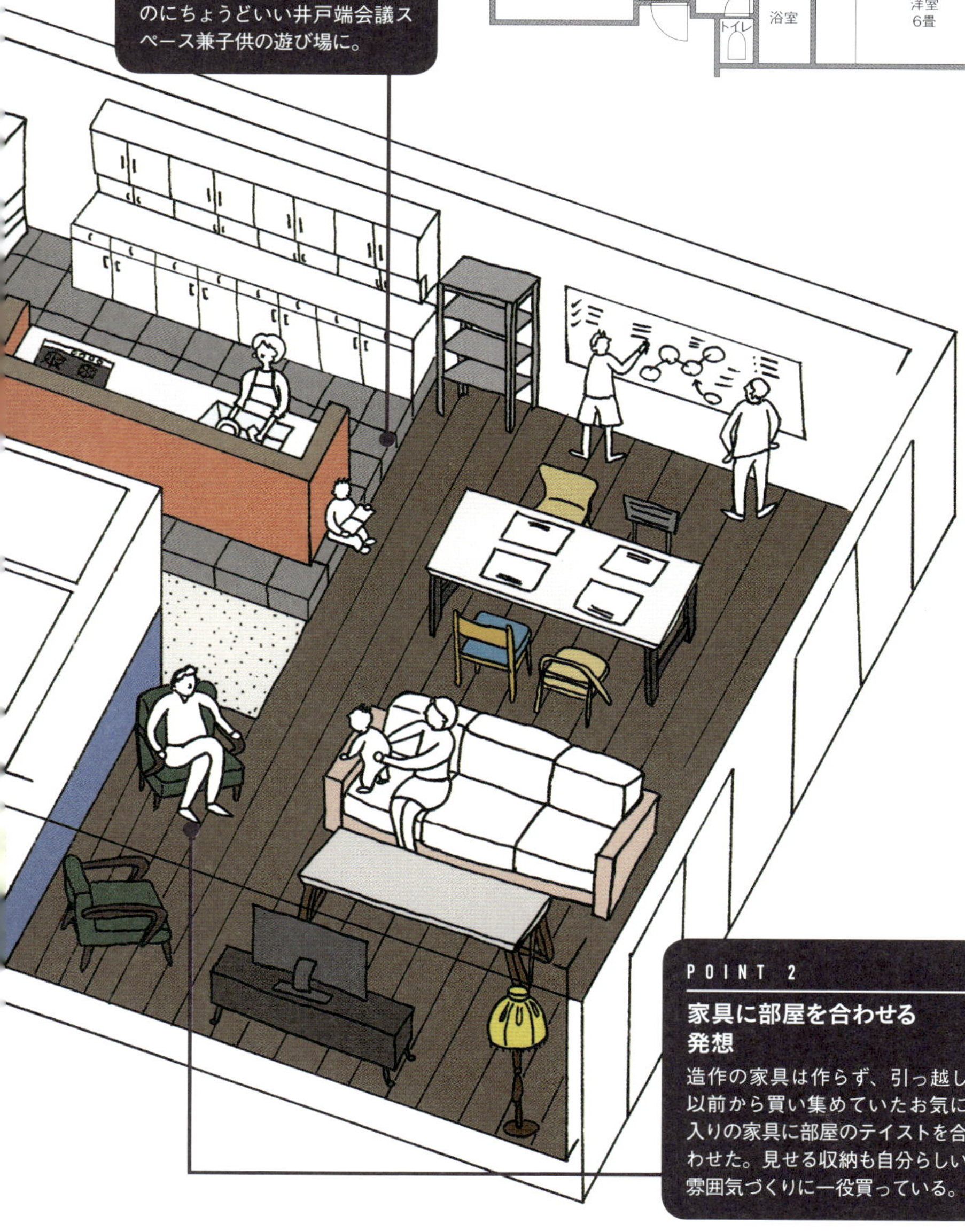

POINT 2

家具に部屋を合わせる発想

造作の家具は作らず、引っ越し以前から買い集めていたお気に入りの家具に部屋のテイストを合わせた。見せる収納も自分らしい雰囲気づくりに一役買っている。

POINT 1

オープンで気持ちいい空間

トイレ・お風呂・寝室の扉以外閉じる所がなく、玄関からリビングまでつながった、オープンで気持ちのいい空間。床の素材を使い分ける設計で単調さを防いだ。子供も自由に走り回ることができ、家中が遊び場に。

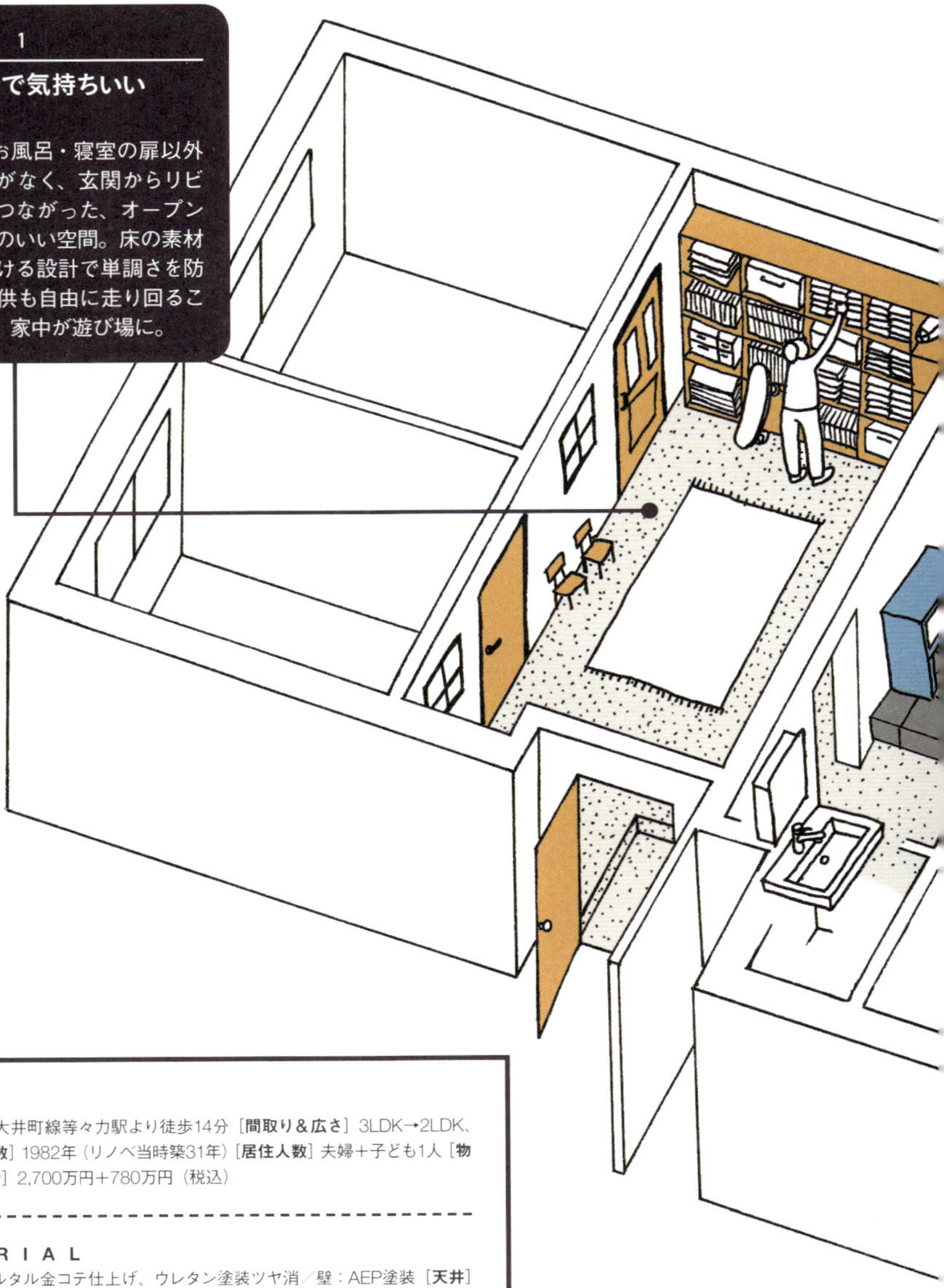

DATA

[**所在地**] 東急大井町線等々力駅より徒歩14分 [**間取り＆広さ**] 3LDK→2LDK、70.66㎡ [**築年数**] 1982年（リノベ当時築31年）[**居住人数**] 夫婦＋子ども1人 [**物件価格＋総工費**] 2,700万円＋780万円（税込）

MATERIAL

[**玄関**] 床：モルタル金コテ仕上げ、ウレタン塗装ツヤ消／壁：AEP塗装 [**天井**] 躯体現し [**リビングダイニング**] 床：むくボルドーパイン／壁：AEP塗装／天井：躯体現し [**キッチン**] 床：タイル／壁：躯体現し／天井：躯体現し [**水回り、洗面所**] 床：タイル／壁：一部AEP塗装、躯体現し／天井：AEP塗装

INSTRUMENTS

[**キッチン**] シンク一体型天板：中外交易／コンロ：リンナイ／レンジフード：サンワカンパニー／キッチン水栓：ADVAN [**水回り**] ユニットバス：LIXIL／トイレ：Panasonic／洗面ボウル：サンワカンパニー／水栓：サンワカンパニー

中澤邸

エントランスは趣味空間。夫婦の「好き」が溶け合った暮らしを団地で実現

当初の希望は「山登りに便利な東京西側」。
その逆の東側で見つかった見晴らしの良いリバーサイドの団地が、
リノベーションの舞台となりました。
ドアを開けるとそこは別世界。エントランスを彩るボルダリングウォール、
アートや雑貨が映える素材を活かしたLDK、潔くシンプルな寝室。
家の隅々まで、お二人らしい暮らしの感覚が息づいています。

ドアを開けると最初に目に飛び込んでくるのが、モダンアートにも見えるカラフルなボルダリングウォールと、ショップのようにディスプレイされた登山グッズ。

ダイニングキッチン

壁付けのキッチンは対面型に変えリビングを見通せるように

希望していたエリアとは反対の方角に運命の物件が!

中澤さんご夫婦の共通の趣味は山登り。当初は、高尾山に行きやすい東京西側のエリアでの物件探しをされていました。しかし、実際にピンときて購入されたのは、東京東側の団地。

全く違うエリアでしたが、ご主人の通勤にも便利で、近くの現代美術館にもよく足を運ぶことからなじみのある場所でした。物件も管理が行き届いていて、直観的に「合う！」と感じたそう。リビングからの眺望も大きな魅力。リバービューで本当に気持ちがいいのです。

旦那様の作業スペースはキッチンとつながっているので、調理する奥様といつでも会話ができる。

壁には飾り棚を設置。調味料、雑貨、アートがセンスよく並ぶ。

玄関

よくある団地の入り口がポップな趣味空間に変身！

靴置場には有孔ボードを設置、リュックなどを掛けてカラフルな見せる収納に。壁に張った無塗装のラーチ合板で「ガレージ」をイメージ。天井には黒く塗った金網を設置。物の置き方、ライティング、壁に配した合板の色味すべてでガレージ感を演出。

夫婦の気持ちいい距離感と趣味を楽しむこだわりの空間

中澤邸の中でも大きな存在感を放つエントランス。「単なる玄関ではない素敵な空間になって、ボルダリングもできる！　最高です」と旦那様。奥様がキッチンに立つと、キッチンと一体でつくった旦那様のワークデスクとの距離感がほどよく、夫婦で話がしやすくなるといううれしいメリットも。

素材を吟味し、壁の塗装も少し経験して、「家を買ったというよりつくったという感覚だからすごく愛着がある」というお二人。今では電動ドリルを購入、ちょっとした棚をつくる楽しみも生まれました。

寝室

シンプルな白い寝室に広い収納で機能性をプラス

玄関ホール側の木貼りとは異なり、間仕切り壁の寝室内側は、真っ白に。元々の押し入れスペースを広げ、ウォークインクローゼットに。

こだわりと予算の狭間で扉の再利用というアイデアも

アウトドアも好き、でも家にいるのも好き。スリッパはキレイに並べてあるのが気持ちいい。暮らしに対する思いが似ているお二人にとって、リノベーションは生活を楽しむ家づくりに最適な手段。

予算の制約もある中で満足していただくため、あれこれご提案しました。建具の再利用もそのひとつ。別の物件の解体時に「棄てるには惜しい!」とスタッフが持ち帰って事務所に保管していた扉を中澤邸のリビングの収納扉として提案。予算減額のお役に立てたのは嬉しいことでした。

リビング

壁を取り払い余裕のあるリビングに

水回り

位置は変えずに設備を新調!

隠れていたパイプスペースと柱の間の隙間を活用して収納棚を。

RENOVATION POINT

趣味空間

広めの玄関ホールのスペースを少し拡張して素敵な趣味の空間を演出。

ご夫妻の登山グッズを収納するイメージから「ガレージ」というキーワードが生まれた。

趣味のボルダリングが玄関でも！ 専門サイトで調べれば意外と簡単につくることができる。いずれは奥様趣味のフラメンコスタジオも……と夢は膨らんでいらっしゃるそう。

OTHER CASES

ほかにも、自分の趣味を住まいづくりに活かしているお客様はたくさん。
その一例をご紹介します。

ビアサーバー

飲食が趣味の方には、自宅でお店の雰囲気を味わえるビアサーバーは人気。ホームパーティーでもウケること間違いなし。

棚

インテリア好きの奥様が買い集めた器や雑貨を飾る壁一面のシェルフ。入居後も重ね方や置き方など、小さな変化を日々楽しめる。

水槽

壁に水槽が埋め込まれた部屋。なくてはならない物ならば、はじめから一体化させてしまう手も。

POINT 2

玄関ホールが楽しい空間に

玄関の左右に部屋が広がる間取りでホールが広めだったことから、さらに少しスペースを広げ、単なる玄関や通路ではない、趣味を楽しむ空間として活用。

BEFORE

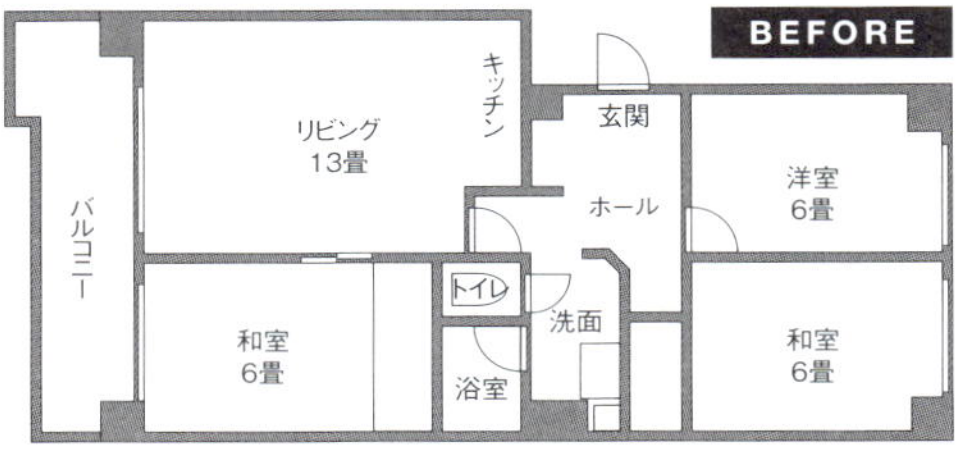

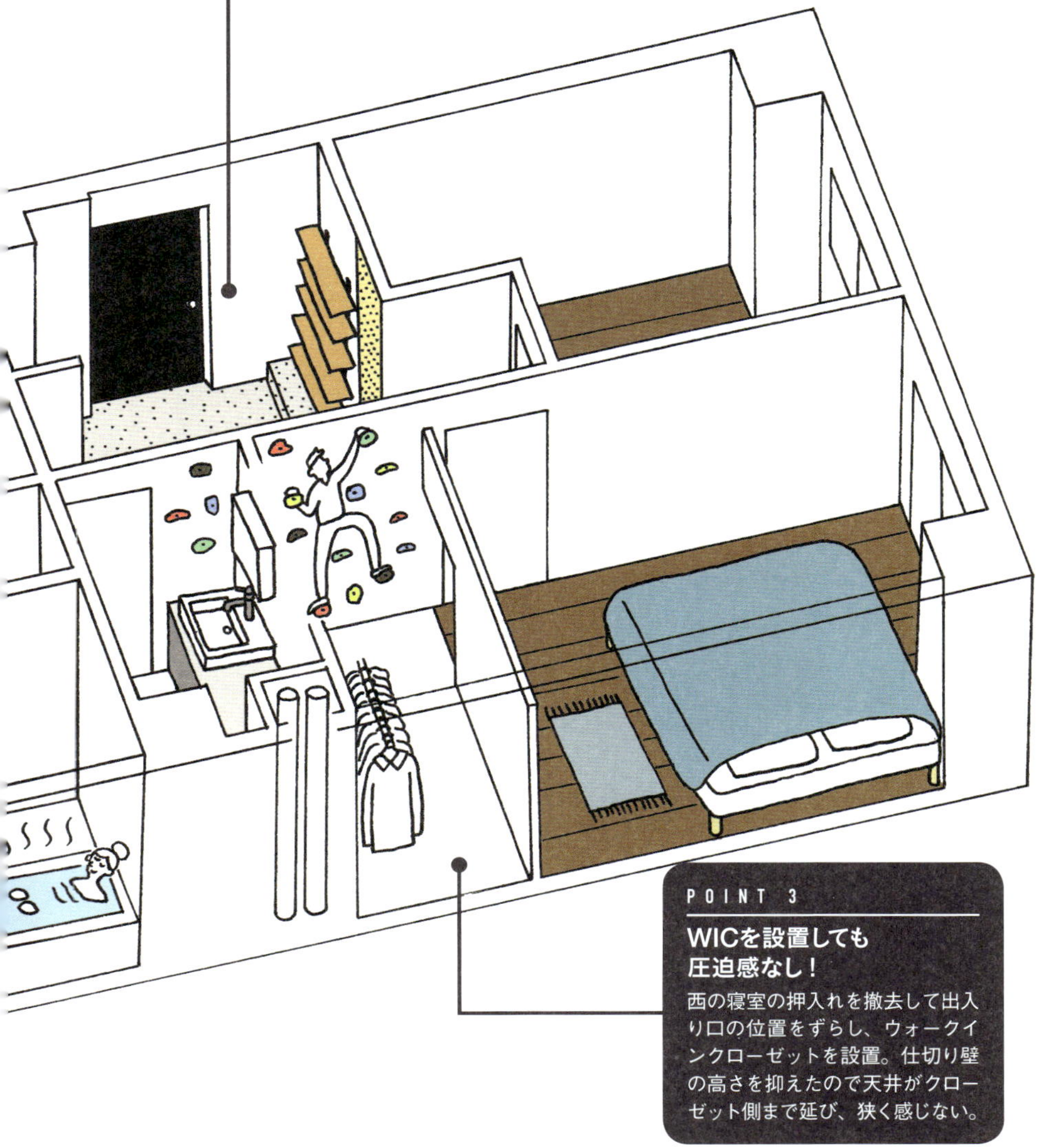

POINT 3

WICを設置しても圧迫感なし！

西の寝室の押入れを撤去して出入り口の位置をずらし、ウォークインクローゼットを設置。仕切り壁の高さを抑えたので天井がクローゼット側まで延び、狭く感じない。

DATA

［**所在地**］東京メトロ半蔵門線清澄白河駅より徒歩6分［**間取り＆広さ**］3LDK→2LDK、71.41㎡［**築年数**］1982年（リノベ当時築32年）［**居住人数**］夫婦［**物件価格＋総工費**］2,480万円+1,050万円（税込）

MATERIAL

［**玄関**］床：モルタル金コテ仕上げ、防塵塗装／壁：ラーチ合板、一部有孔ボード［**天井**］躯体現し［**リビングダイニング**］床：ナラフローリングオイル仕上げ／壁：AEP塗装／天井：躯体現し［**キッチン**］床：モルタル金ゴテ仕上げ／壁：AEP塗装、一部タイル、ステンレス／天井：躯体現し［**寝室**］床：ナラフローリングオイル仕上げ、ウォークインクローゼット内モルタル金ゴテ仕上げ／壁：AEP塗装／天井：躯体現し

INSTRUMENTS

［**キッチン**］シンク：エクレア／コンロ：リンナイ／レンジフード：DOUBLE／キッチン水栓：グローエ［**水回り**］ユニットバス：LIXIL／トイレ：TOTO／洗面ボウル：サンワカンパニー／水栓：ADVAN

POINT 1

広々としたリビングダイニングキッチン

和室を撤去してLDKを広く取り、キッチンの向きを変えてアイランド式の流し台を設置。念願だった、リビングと一体化した広いダイニングキッチンが完成。

天井邸

光あふれるルーフバルコニーで憩う、気持ちのいい暮らし

こちらは現役のエコデコスタッフ、天井の例です。
子供の誕生をきっかけに始まった新居探しは、夫婦間の静かな攻防（?）を経て
郊外のマンションに決定。広々としたルーフバルコニーがあり、
光や緑や夜景を楽しめる物件を「大人の空間」にリノベーション。
遊び心と快適さが調和した住まいで、とびきり気持ちよく
自分らしい暮らしを楽しんでいます。

すべての部屋がバルコニー・ルーフバルコニーに面している天井邸。リビングを一歩出れば、青空の下、光と風を感じながらピクニック気分が味わえる。

リビングダイニング

和室とリビングが約18畳のリビングダイニングに！

仕切りを取り払ったリビングダイニング。3方を囲むルーフバルコニーからの光で、いつでも明るく気持ちいい。

ソファとダイニングチェアの張座はニュアンスカラー（複数の色が混じるネイビー）で統一。グリーンもふんだんに。

新居の家具の多くはリノベーションによる造作家具。手持ちのダイニングテーブルとなじむ色味になるよう設計段階から調整した。

「いつかはリノベ」から「一刻も早い住まいづくり！」へ

「私もいつかは」。リノベーションされた賃貸に夫と暮らしつつ、漠然とそう思っていた天井。そこへ2013年春、「子供」という大きなきっかけが。11月に出産、翌4月の保育園入園と職場復帰という青写真を描くと、それまでに引っ越しを済ませないといろいろ大変！（実は、お客さまからお問い合わせをいただくきっかけのNo.1がこれ。首都圏の保育園事情は厳しいのです）ということで、急きょ、自ら物件探しに動き出すことになったのです。

キッチン

光の入らなかったキッチンが開放的に変身

オリジナルのキッチンからは部屋全体を広く見渡せるので、小さな子供が遊び回っていても安心。存在感のあるモルタルの調理台には、グリーンや雑貨を飾って楽しんでいる。キッチンからダイニングスペースにかけて、作り付けの収納棚を設置。収納力抜群なので、いつでも部屋がすっきり。

意見の相違を乗り越えてナットクの物件と出会う

当初、夫婦の希望は「静かな立地」以外はほとんど一致せず、お互いに譲れない「中古をリノベ（妻）」「80㎡以上、ルーフバルコニー必須（夫）」をポイントに、普通はしない「立地よりも物件ありき」の探し方に。それでも、土地勘の全然ないエリアは避けるという鉄則は守りました。

時に迷走しつつも、ついに東京近郊の、80㎡超のルーフバルコニー付きの高台のマンションに決定。部屋の広さも途中で浮上した「緑に囲まれた環境」という希望もクリア、珍しい四面採光なのも魅力でした。

キッチンからキッズスペースへとつながる通路。突き当たりの壁は飾りスペースにして家族の写真などをディスプレイ。

キッズスペース

寝室に設けたキッズスペースは楽しい色使いで子供らしく

寝室とキッズスペースの壁はDIY。イマジンウォールペイントで3色に塗り分けた。ベビーベッド側の壁には賑やかな「スウェーデンの湖」をセレクト。

ルーフバルコニー

オープンエアでのパーティやガーデニングも思いのまま

80㎡を超えるルーフバルコニー。洗濯物を干しても余りあるスペースなので、お客様の視線を気にすることなくいつでもビールを楽しめる。

高台の最上階に位置するだけに、眺望も素晴らしい。緑に囲まれた街の風景はいつ見ても癒される。

バスルーム

光と風が入る清潔空間で洗面&入浴も気持ちよく

白いタイルを敷き詰めたホテルっぽいバスルームが憧れだった。費用はそれなりにかかったけれど、あきらめなくて正解。バスルームの手前にはアメリカンな洗面ボウルが二つ。目の前は壁でなくルーバーにしたので、圧迫感なし。

日向ぼっこ、お風呂、小さな夜景。毎日の暮らしが気持ちいい

「ただ格好いい家ではなく、自分たちの気持ちいい暮らしを追求したい。それができるのがリノベーションの醍醐味」と語る天井。

バルコニーの折りたたみ椅子で日向ぼっこをする休日、朝日の中の入浴タイム、子供を寝かしつけた後、窓越しに見える小さな夜景を見ながらゆっくり夕食をとるひととき。

新居には、気持ちのいい時間と空間がたっぷりあります。新築派だった夫も今は自分で住まいに手を入れる楽しみに目覚め、天井家のリノベはゆっくりペースで続いています。

RENOVATION POINT

心地よい時間

リノベ愛がつめ込まれた天井邸には、心地よい時間を演出するさまざまな工夫が。こだわりの白いバスルーム、ガーデンに飾り棚。五感で楽しむ住まいづくりは今も進行中。

バルコニーの朝日
高台から見える風景は、時間ごとに表情が違って見飽きない。ルーフバルコニーはこれから改良して、さらに気持ちのいい場所にする予定。

ハーブ栽培
ルーフバルコニーが大活躍。ミントで自家製モヒートを作ったり、パスタの彩りにイタリアンパセリを散らしたり、料理もより楽しく。

朝日を浴びるバスルーム
浴室に最初から窓があったのも嬉しいポイント。白いタイルを照らす朝日を眺めながらのバスタイムは、至福のひととき。

溶接
今年ハマったのはドライフラワーとDIY。アイアンを溶接してつくった棚には子供のイニシャルをあしらった。

BEFORE

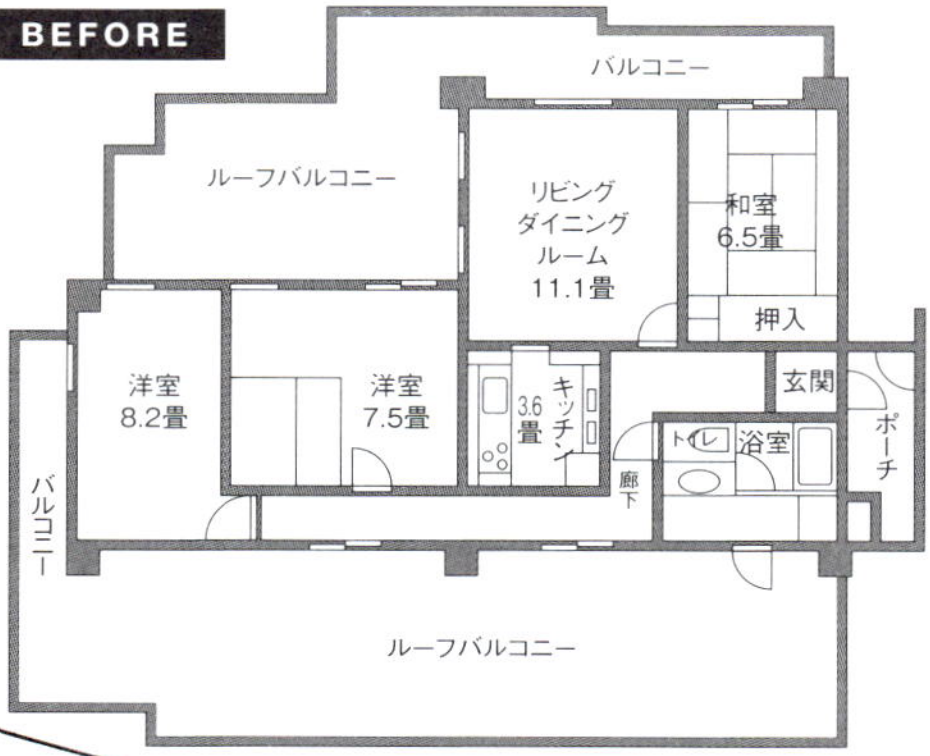

POINT 2

既存のサッシを装飾でカバー

ダイニングの窓は、カーテンやブラインド以外の方法で視線を遮りたかったので、既存のサッシに鉄製の装飾を取り付けた。実用的過ぎる形のサッシは、こんなふうに隠してしまうのもアリ。

POINT 3

モルタルのオリジナルキッチン

若干、夫婦喧嘩になったが、「同じお金をかけるならオリジナルがいい」と天井の希望を通したキッチン。どうしてもモルタルにしたかった。

POINT 1

遊びのある凸凹のデザイン

全体的に、わざと凸凹の多いデザインにした。四角い箱のような部屋より、遊びがあるほうが好き。

DATA

[**所在地**] 東急田園都市線たまプラーザ駅より徒歩16分 [**間取り＆広さ**] 3LDK →1LDK、93.98㎡＋ルーフバルコニー 82.34㎡ [**築年数**] 1987年（築27年）[**階数**] 7階 [**居住人数**] 夫婦＋子ども1人 [**物件価格＋総工費**] 2,700万円+1,200万円（税込）

MATERIAL

[**リビングダイニング**] 床：ボロン（ADVAN）、ラワンベニヤ／壁：塗装／天井：塗装 [**キッチン**] 床：ボロン（ADVAN）／壁：モルタル／天井：塗装 [**キッズスペース**] 床：タイルカーペット（東リ）／壁：塗装／天井：塗装 [**浴室**] 床：タイル／壁：タイル／天井：塗装

INSTRUMENTS

[**キッチン**] シンク：吉本産業／コンロ：デリシアグリレ（東京ガス）／レンジフード：サンワカンパニー／止水栓：ミンタ混合水栓（グローエ）[**水回り**] バスタブ・シャワー：BRAVAT／トイレ：アラウーノV（パナソニック）／洗面ボウル：Ambest／止水栓：SUTTO（三栄）

自分に合った家とは？
——ライフスタイルは売ってない！

ライフスタイルの棚卸しをする

リノベーションで自分らしい住まいづくりをしよう！

そう決めたあなたは、物件も決まり、いよいよ設計・デザインという具体的な家づくりの段階までやってきました。

ハウジング雑誌やウェブサイトには素敵な住まいがたくさん掲載されていて、憧れと想像をかきたてられます。「こんな家に住んでみたい」と思える住まいにも出会うでしょう。

でも、もしその中から自分好みの格好いい家が見つかったとしても、それが本当に「あなたが満足できる住まい」なのかどうかをしっかり見極めましょう。

メディアなどが見せるライフスタイルはあくまでも見本であり、自分のライフスタイルを模索するためのツールに過ぎないからです。

格好いいけれど他人仕様でつくられた家に、30年、40年、50年と快適に住み続けるのは難しいですよね。

住まいに愛着を持ち、心地よく住み続けるには、「自分に合った住まい」であることが何よりも大切だと私たちは考えます。

人の数、家族の数だけライフスタイルがあります。お金を出せば入れ物としての住まいは買えますが、あなたにぴったりなライフスタイルはどこにも売っていないのです。あなたがとことん自分自身に向かい合い、「これこそが自分らしい生き方、暮らし方だ」というものを見つけるしかないのです。

もしまだそれがはっきりしていないなら、「ライフスタイルの棚卸し」をしてみることをおすすめします。仕事、趣味、家族関係、交友関係、時間の使い方、余暇の過ごし方、インテリアの好み、生活の中で大事にしたいこと、今最も関心があること、これからやりたいこと……。そんなふうに、自分のライフスタイルを構成する要素をひとつずつ取り出してみるのです。ご家族で住むならもちろんご夫婦間の話し合いも重要ですよね。

その結果見えてきたスタイルが一般的なものとは少し違っていても、自分たちにとっては一番快適な住まいになるでしょう。

たとえば、「壁は最小限にして明るく開放的な家にしたい」「土間を使って自転車のメンテナンスをしたい」「夫婦で就寝・起床時間が違うので寝室を二つ設けたい」「集めてきたお気に入りの家具にピッタリ合う家をつくりたい」……どれも実際にあった事例です。

好きなこと、やりたいことを核に、自由に発想を広げてください。

専門家にリノベーションの相談をする前にそうした作業をしておくことが、リノベーションを成功させる近道になるでしょう。

リノベーションにはゴールデンルールがある

中古マンションのリノベーションの設計・デザインに関しては、一般的な注文建築やリフォームとは異なる点があります。

古い物件がベースになることから生じる制約、個々の物件の構造や規約による制約、ほかにも期間や予算などさまざまな制約がある中、依頼主が思い描くライフスタイルをいかに現実に落とし込むか。そこが私たちの腕の見せ所です。

依頼主にとっては、時には迷いながらも夢がかたちになっていくのを実感できる、わくわくするプロセスでもあります。

ここでは、リノベーション会社であるエコデコの設計・デザインの進め方を例に、リノベーションを成功させるために守るべきルール＝ゴールデンルールをご紹介していきます。

良いシミュレーションになるかと思いますので、これからリノベーションをするつもりで読んでいただければと思います。

成功するリノベーション　ゴールデンルール①
リクエストをまとめる

基本的なリクエストは早めにまとめておくこと

物件購入の意志を固め、手付金を支払って売買契約を締結するのとほぼ同時に、リノベーションの本格的な打ち合わせがスタートします。

設計者との顔合わせを兼ねたファーストミーティングです。

その時点で、設計に必要な基本項目に関するリクエストが、ある程度固まっていると打ち合わせもスムーズに進みます。

項目を大きく分けると、「内装の仕上げに関して」「各お部屋に関して」「その他設備や家具などに関して」「イメージに関して」というふうになりますが、エコデコの場合は、それらのリクエストを、あらかじめお渡しする「ヒアリングシート」に記入して、当日持参していただいています。

たとえばキッチンなら、アイランドキッチンと個室のどちらがいいか。システムキッチンとオーダーキッチンのどちらがいいか。希望するキッチンの大きさはどれくらいいか……など、一つひとつのリクエストを決定していく中で、あいまいだった部分や見落としていた部分をクリアにすることができます。

そのほか、エコデコサイトなどに掲載されたリノベーション事例の中で参考にしたい物件や、イメージが伝わるような資料（写真や雑誌の記事など）があれば、それもぜひ設計者に伝えてください。

これらのリクエストは、設計者が設計やデザインのベースをつくる上で欠かせない大切な情報です。

成功するリノベーション　ゴールデンルール②
コンセプトを共有する

「自分はこういう人」という情報をスタッフに伝える

打ち合わせの内容は、当然ながら、基本的なリクエスト項目だけでは終わりません。

単なるリフォームならヒアリングシートの内容だけでも十分ですが、リノベーションの最終目的は、あくまでも「ライフスタイルの実現」です。

その目的を果たすためには、ご自身のライフスタイルに関する話題を、もっと深く掘り下げていくことが必要なのです。

そのプロセスを経ることで、住まいのコンセプトができ上がっていきます。

たとえば、設計者からはこんな質問があります。ご家族がおもに過ごす部屋はどこか（リビング、キッチン、それともベランダ？）、食事はどんなふうにとっているか、どこで何をしている時間が一番好きか、等々。

そして、できれば、「自分はどんな人か」という情報をどんどん出してください。

なぜなら、私たちは、「人」から「住まい」のイメージを広げていくからです。

あの人がこういうふうに暮らしたらどうだろう？　というのが発想の原点にな

るわけです。

ですから、たとえば料理はこういうふうにしているとか、バスタオルは毎日洗うとか、ご夫婦だったらどこで結婚を決断されたとか、日常の細かいことについてどちらに決定権があるかとか、どんなことでもヒントになります。

打ち合わせの場では遠慮はいりません。理想の暮らしに近づくためには、とくに譲れない好みやこだわりについては、はっきりと伝えてみましょう。

しっかりとしたコンセプトをつくるには、まず「リノベーション脳」をつくることです。つまり、「自分の住まいは自分でつくるという意識」をしっかりと持って話し合いに臨むことを意識してみましょう。

コンセプトを現実に落とし込む

もちろん、実際の住まいづくりでは、思い通りにできることとできないことがあります。そこを把握するため、私たちはお客様の要望と現地調査[＊1]で確認した物件の現況をすりあわせて、基本プランを練っていきます。

その後、出来上がった基本プラン（ファーストプラン）をはさんで、再び設計者との打ち合わせが行われますが、初回にどんなに詳細な打ち合わせをしても、1度で完璧なプランをつくるのは至難の業です。ですから、この段階では数パター

［＊1］現地調査
設計図や竣工図、現地での目視確認により、現状の配管ルートや寸法を調査します。

ンのプランを材料に、ディスカッションを重ねていきます。

その中で、「最初のリクエストは本来の希望とちょっと違っていたかもしれない」とか、「こういうことを伝えきれていなかった」とか、そういった「気づき」が生まれることも珍しくありません。

ファーストプランを吟味することが、「自分の本当に求めるもの」をもう一度ふりかえるきっかけとして機能する有意義な時間となります。

ですから、その気づきを臆することなく設計者に伝えてください。具体的なプランを目にすれば「自分の本当に求めるもの」がより鮮明に見えてくるでしょう。この打ち合わせは、ブレインストーミングに近い感覚で楽しんでいただくのがいいと思います。

この段階で、プランの方向性がほぼ決まります。いよいよ、リノベーションのコンセプトが現実のものとして動き始めるのです。

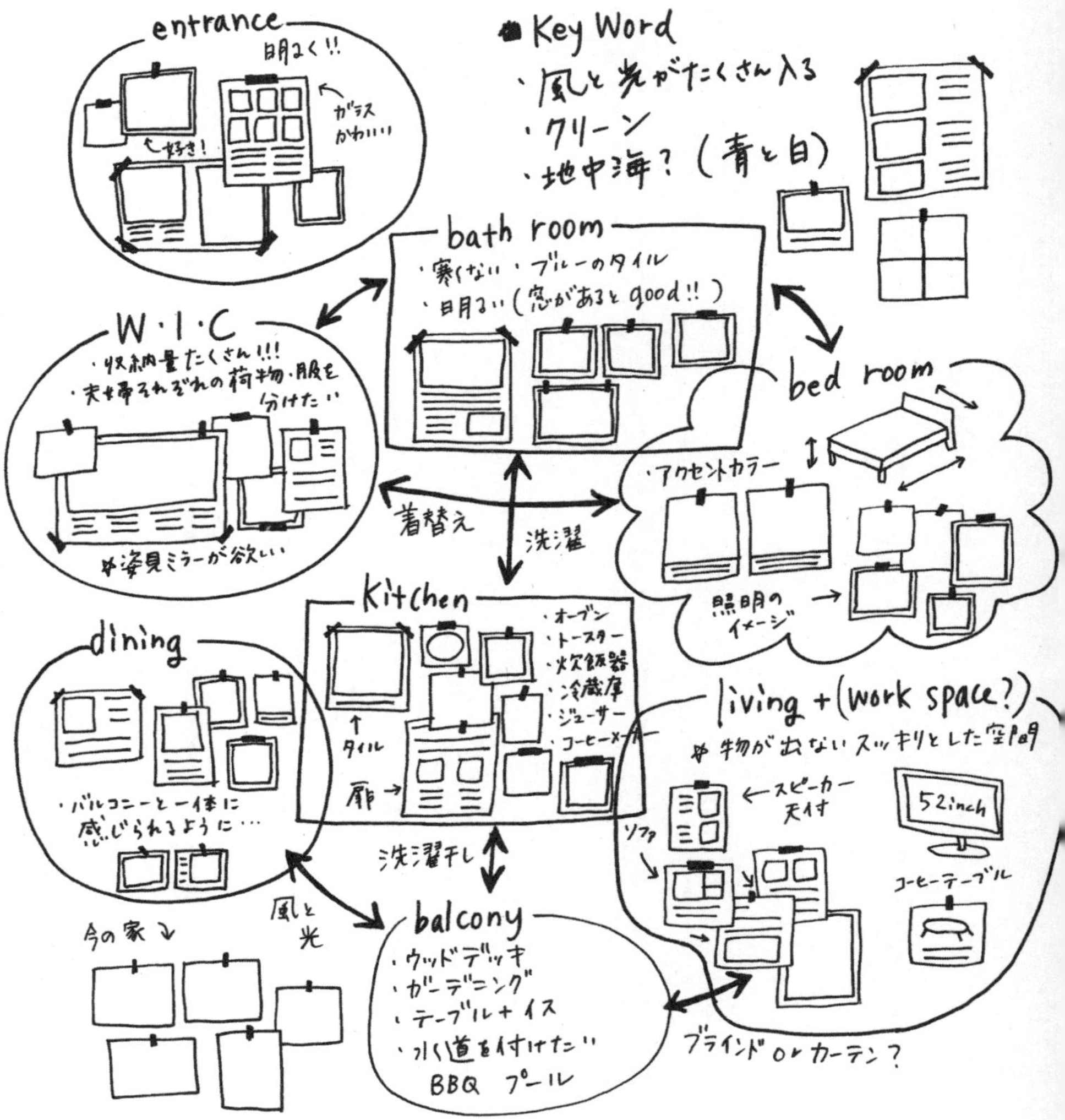

イラストのように、住まいに求める要素をビジュアル化してみるのも役に立ちます。イメージに近い写真、カタログや雑誌の切り抜きなどを使って、紙やボードの上に理想のプランを描いてみましょう。

成功するリノベーション　ゴールデンルール③
お金の使いどころを見極める

気持ちいいと思うポイントには妥協しない

リノベーションを成功させる上でもうひとつ大切なことは、予算の中でうまくお金を使うということです。

結論から言えば、お金のかけ方のコツは、すべてに対して平均的に力を注ぐのではなく、こだわりたいポイントをしぼり、メリハリをつけることです。

ただし決まった正解というのはありません。

どこにどう比重をかけるかは、住む人のライフスタイルによってまったく違ってきます。

ここで、この章の冒頭で出てきた「ライフスタイルの棚卸し」が役に立ちます。そこで出てきた自分のこだわりが、お金の使いどころを見極める材料にもなるのです。

快適な睡眠が何よりも大事な人なら、寝室の環境づくりに比重がかかるでしょう。お風呂が最大の癒しだという人なら、バスルームの設備や仕上げ、配置にお金をかけようということになるかもしれません。

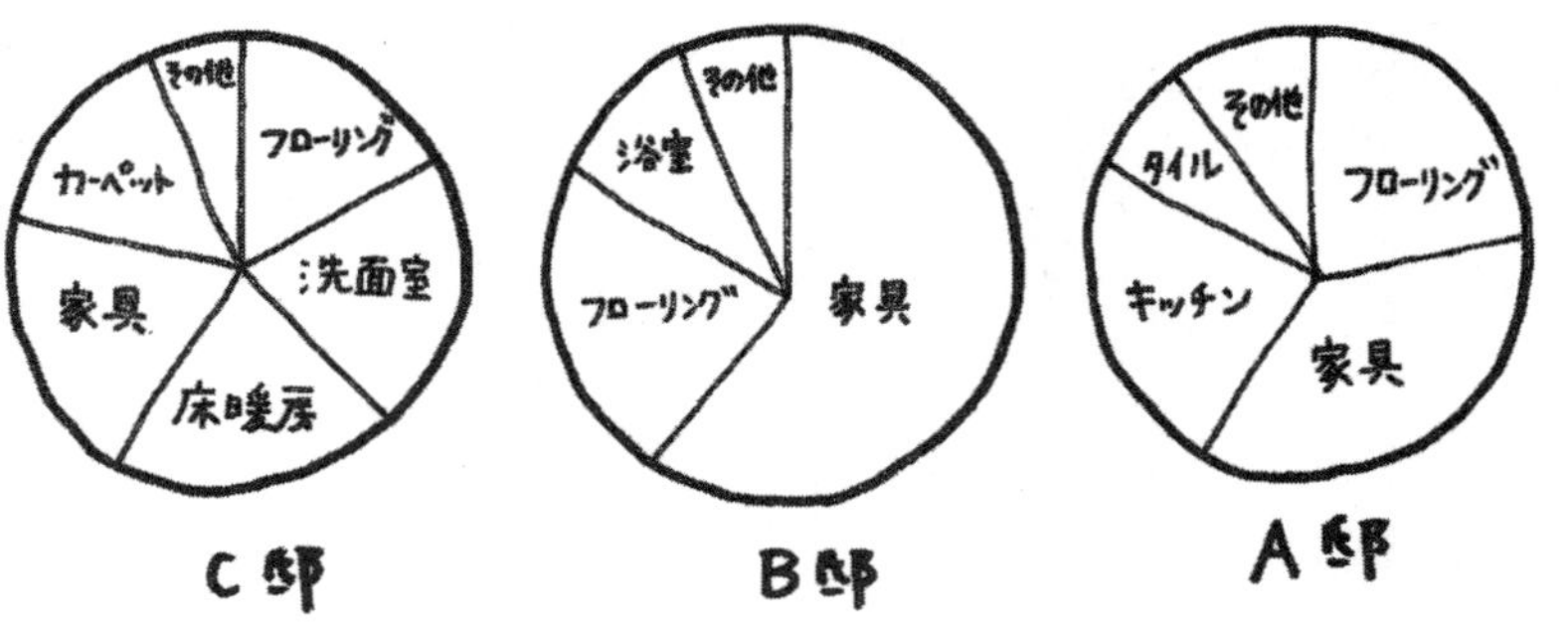

人からどう見えるかよりも住む人が満足できること、それが一番です。

私の経験からも言えることですが、とくに日々の暮らしで気持ちよく感じる部分はケチらないほうがいいです。

たとえば素足で踏みしめて歩く床、毎日目にする部屋の壁。

床は木肌の感触が心地よい無垢のフローリングがいいとか、壁はクロスよりも少しラフな感じの塗装が好きとか、人によって「これが気持ちいい」というポイントが必ずあるはずです。

自分が暮らしていて快適かどうかを左右する部分には、少し出費がかさんだとしても、妥協しないほうがいいと思います。

その分ほかのところでコストを下げ、こだわりポイントを大事にしたほうが後々後悔しない住まいとなります。

あとは、遊び心も私たちが大事にしているポイントです。

「どうしても必要なわけではないけれど、それがあることで楽しい気分になるような要素」を入れると、より自分らしい家になると思います。

壁の一面だけを違う色にしてみるとか、ハンモックを吊るとか。

そういう遊びは自分の気持ちを上げてくれるので、思い切って1か所取り入れるとますます楽しく暮らせますし、住まいに対する愛着も生まれると思います。

予算を抑えるための工夫

「ここだけは」というこだわりポイントを守ったら、それ以外の部分ではうまくコストダウンしていきたいものです。

リノベーションの予算を抑えるノウハウを挙げてみます。

▼塗装は自分たちでチャレンジ

いわゆるDIYです。壁の塗装を施工会社に頼む場合と比べて、壁の面積や下地によって異なりますが、かなりの費用を浮かせることができます。1人だと2週間ぐらいはかかってしまいますが、人手があれば4日ほどで終えることができます。

DIYについては、STEP5で詳しくお話しします。

▼躯体剥き出しの内装にする

壁を作るコストが抑えられます。また、塗装しなければ塗装費を抑えることができます。

▼既製品を利用してみる

IKEA、ニトリなどの量販店の既製品のキッチンを使うお客様もいらっしゃ

います。見える部分は職人さんの手でタイル仕上げにしてあったり、カウンターがつけられていたりして、一見して既製品とはわかりません。

こんなふうに安くて機能的な既製品を賢く使う方法もありだと思います。

▼既存のもので使えそうなものは何でも使う

使えるものは利用しよう！　私たちは、物件の解体時、使えそうなものを見つけるとお客様の許可をもらって会社に持ち帰って保管しています。テイストが合うお客様がいれば、次の現場で使わせていただくなど予算を抑える工夫をしています。古いマンションは質の良い木材が使われていることも多いので、時に掘り出し物が見つかることも。

▼壁や扉を減らす

これも当然コストダウンになります。たとえばお子さんが小さいうちは、子供部屋は必ずしも個室でなくてもいいですよね。後から壁を増設することを想定したプランにしておけば、ライフスタイルの変化にも対応できます。

▼収納は既製品を利用する

造り付けの収納は費用がかさみます。見えない部分には無印良品やＩＫＥＡのボックスを利用するなど、うまく既製品を取り入れることでコストダウンができ、見栄えも良いものになります。

このように、コストダウンにもいろいろな方法があるので、賢く取捨選択していきましょう。

それと同時に忘れてはいけないのは、リノベーションはとてもクリエイティブな作業であるということです。

「限られた予算でいかに満足できる住まいづくりができるか、チャレンジしよう！」とポジティブに楽しむことができれば、リノベーションの醍醐味が味わえますし、やりがいにもつながります。

リノベーションのスケジュール

リノベーション設計スケジュールの目安は約6ヶ月。最後の2ヶ月は工事ですから、設計に費やす期間は4ヶ月。しかし、そのうち1ヶ月〜1ヶ月半は工事費の金額調整になるので、実際の設計期間は2ヶ月半くらいです。

通常、リノベーションの引き渡しよりも早く住宅ローンの返済が始まってしまいますので、今の家賃と新しい家のローンの二重払いを最小限にするために、なるべく短期で設計を固めることが必要になります。

おもな流れ

▼顔合わせ、ご要望ヒアリング

設計・デザインは、前述のように、ヒアリングシートを使ったお客様との打ち合わせからスタートします。

▼現地調査

設計者が現地調査を行います。お客様に同席していただくこともあります。

▼ファーストプランご提案

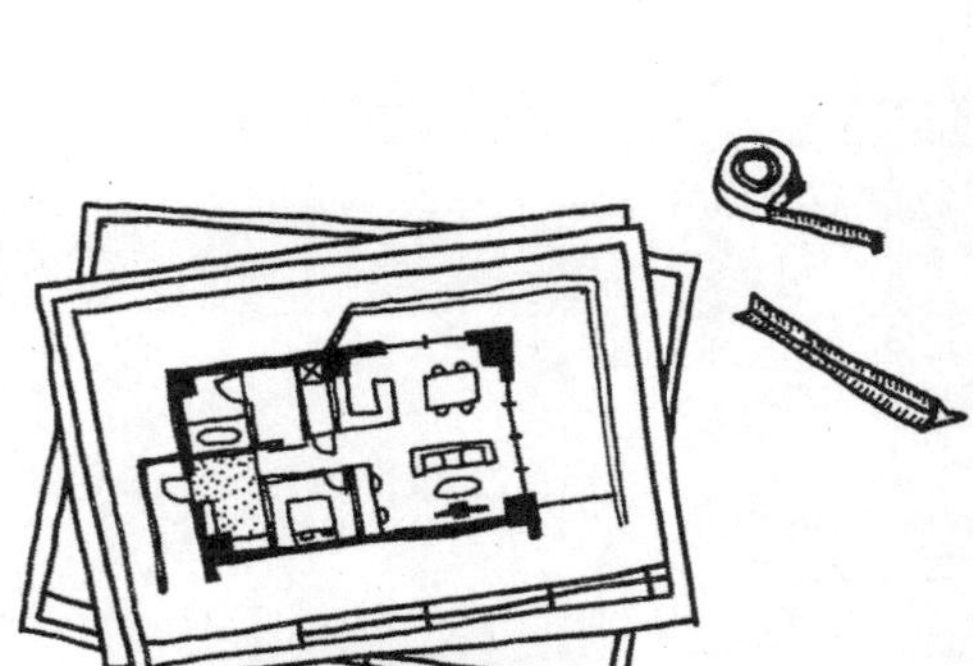

２回目の打ち合わせで数種類のファーストプランをご提案するようにしています。そこでお客様と再び話し合い、プランのおおよその方向性を決めます。

▼設計契約

約２週間後には３回目の打ち合わせを行い、採用したファーストプランをブラッシュアップしたものをご確認いただきます。ご了承いただいたら、同日に設計契約の締結を行います。契約後に、設計費の半金をお支払いいただきます。

ここまでが、基本設計期間という位置づけです。

▼実施設計期間

設計契約が成立すると、次は約１ヶ月半の実施設計期間となり、２週間ごとのお客様との打ち合わせで、詳細を確認していきます。

▼見積もり期間・金額調整期間

次の１ヶ月が見積もり期間・金額調整期間です。この間に複数の施工会社に見積りを依頼します。同じプロジェクトでも、見積もりをとった場合１００万円以上の差がでることもあるため、設計者がしっかりと査定します。相見積もりを行い、しっかりプロが査定することにより、お客様にとって条件のよい施工会社を選び、契約を結ぶことができます。工事内容と金額が決まったら、施工会社と工事請負契約を締結します。

●リノベーションスケジュールの目安

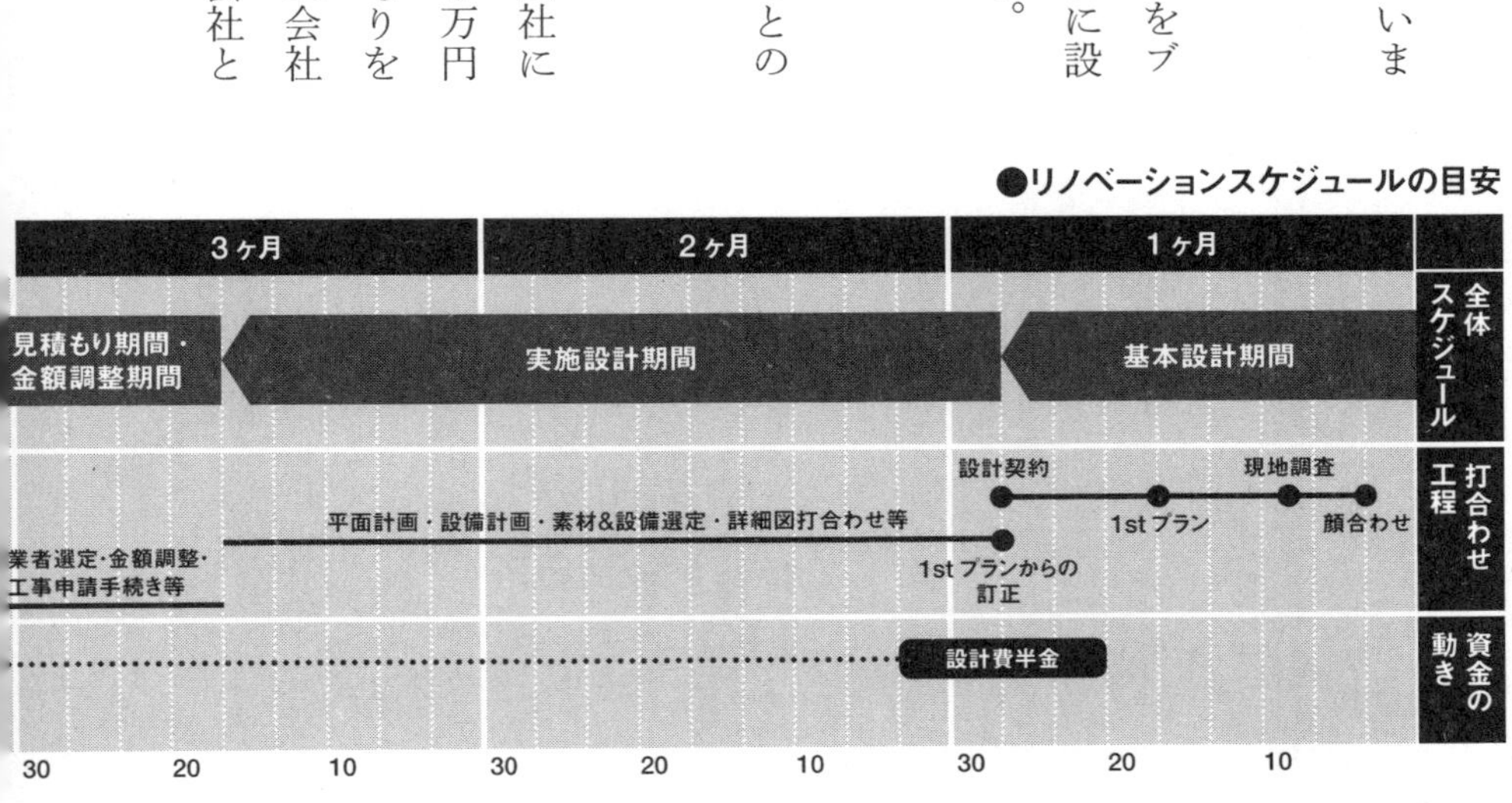

工事請負契約を結んだら、銀行からのリノベーションに対する1回目の融資が実行され、工事費の半金が銀行から施工会社へ直接支払われます。

▼工事期間

工事請負契約の締結後、いよいよ約2ヶ月の工事期間に入ります。

工事準備期間を経て解体工事が始まり、解体が終わると今度は内装工事に入ります。設計検査、お客様による確認を経て内装の是正工事まで終われば、リノベーション工事は完了です。

工事が終わった時点でお客様への引き渡しが行われ、リノベーションに対しての2回目の銀行融資が実行されます。設計費の残り半金と工事費の残り半金を支払うことになります。

▼リノベーション完了・引っ越し

これから、思い描いてきた理想の住まいで、新しい生活が始まります。少しずつインテリアを揃える方、DIYが趣味になる方、広くなったキッチンでお料理する機会が増える方……想像するだけでワクワクしますね。

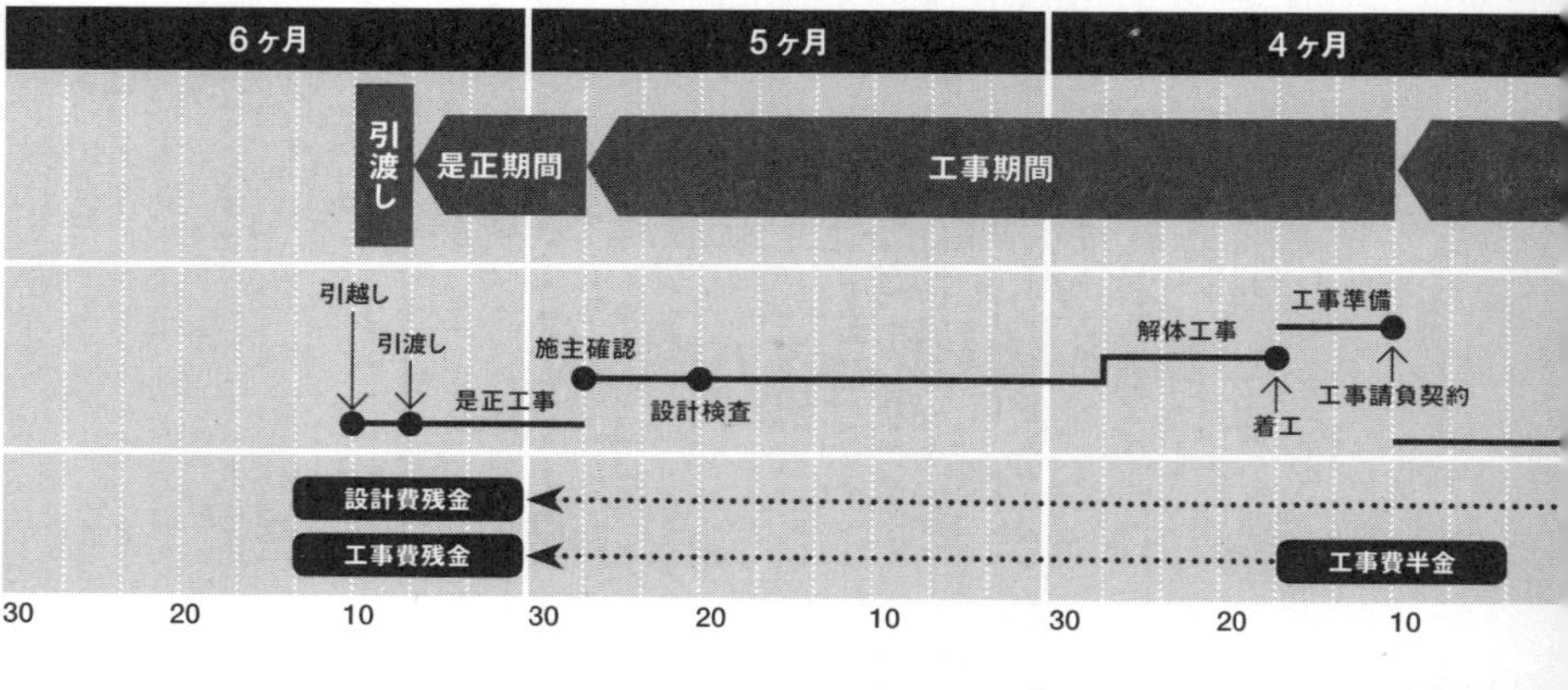

家具と内装の関係
＝素材×色が決め手

素材と色のバランスをトータルに考える

設計・デザインを進めて行くうえで、好みの家具や色などは重要なポイントとなりますので、設計時には、家具と内装のバランスも同時に考えていきましょう。

リノベーション完成がゴールではありません。そこに住んでからの暮らし方をイメージしながら、内装から家具までをトータルに考えることが大事なのです。

家具の中でもとくにファブリック系は、色で遊ぶことができるので、室内の雰囲気づくりのカギとなります。

ファブリック系の中でも面積が最も大きいのがカーテンです。

カーテンは部屋のイメージを大きく左右します。床の色とのバランスや素材感なども考えつつ、まずカーテンを決めてからラグやクッションなどを選んでいくといいでしょう。

中にはレースのカーテンだけを使われるお客様もいらっしゃいます。

また、カーテンでなくブラインドやロールスクリーンにするという選択肢もあります。どれを選ぶかによってかなり雰囲気が変わりますよ。

●(布)カーテン

●ブラインド

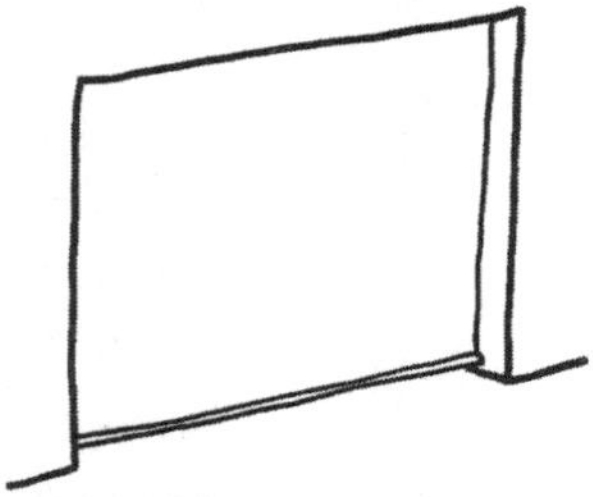

●ロールスクリーン

次に、家具と内装の関係です。

「家具ありき」で内装の雰囲気を決める方もいらっしゃるくらい、家具は部屋の印象に大きく影響します。家具選びはリノベーションと同時進行にするのがベストでしょう。

設計者は、プランの提案時に「ここにはこれくらいまでの大きさの家具が置ける」というふうに家具の配置も頭に入れているので、そのあたりのことも遠慮なくご相談いただけます。

また、家具と内装の色の使い方や組み合わせによって、部屋の印象はだいぶ変わってきます。

あるお客さまはウォルナットの家具を買うと決めていらしたので、それに合わせて壁や床を決めました。担当のスタッフの提案で、床の色を家具とまったく同じ色ではなくワントーン明るめにすることによって、家具をより際立たせることができました。

「内装の色はグレイッシュな雰囲気で統一しつつ、いろいろな所にブルーのアクセントをつけた」という例もあります。扉やソファのフレーム、本棚の背板まで同じ色でまとめるというこだわりです。

また内装や家具の「素材」も、見逃せない大切な要素です。

「素材を大切にしたい」と、新築によくあるツルツルピカピカした素材とは正反対のものを選ばれるお客様は多いです。たとえば金属製の部分はすべてマットな黒で統一し、むき出しになったダクトはあえてそのままにされるなど。

ほかに、窓周りや壁周りの素材選びでも印象が変わります。

そうした場面でも、設計者に相談してみると、お客様が全体の雰囲気に合う的確な素材を選べるようにアドバイスしてくれますので安心してください。

最後に、より洗練された雰囲気を出すためのコツを伝授します。

モノはぎゅうぎゅうに置かず、ゆとりをもって置くようにしましょう。やや抜けているように感じるくらいでちょうどいいです。元々モノが少ないなら簡単ですが、そうでない場合は、ウォークインクローゼットなどの隠す収納を充実させてみてはいかがでしょうか。

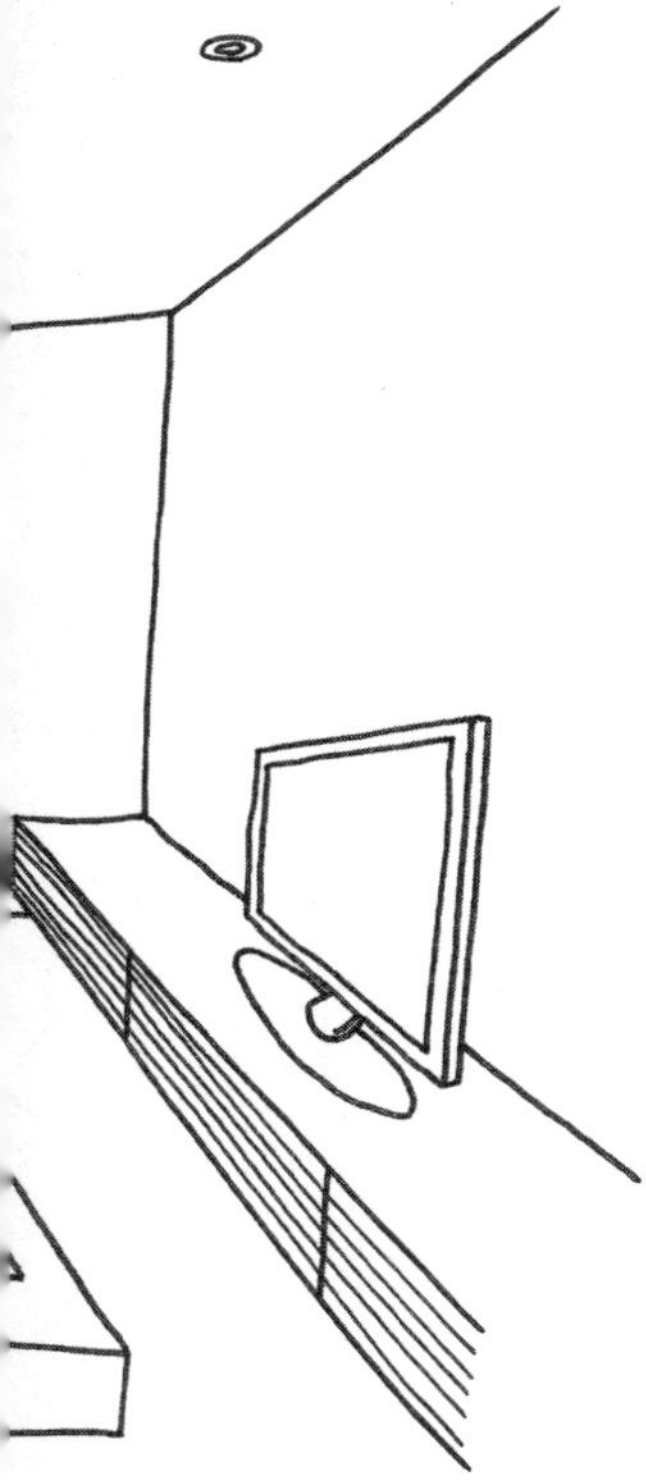

おすすめショールーム紹介

リノベーションするなら、ショールームめぐりは必須科目。
できれば予約してから行くのがおすすめです。
自分で見るだけではわからないことも多いので、どんどん係の人に質問しましょう！

＊他エリアにもショールームはたくさんあります。また情報は変更となる場合がありますので、詳細は各企業のホームページをご確認ください。

メーカー	住所･URL･電話番号	おすすめポイント
セラトレーディング	●東京ショールーム 東京都港区南青山1-24-3 TOTO乃木坂ビル1･B1F ☎03-3402-7134 www.cera.co.jp/showroom	欧米の23社の水まわりの機器全般を取り扱う！シャワーや水栓は実際に水を出して確認でき、TOTO商品との組み合わせの可否を確認してもらえる。戸建住宅からホテルまで幅広く使用されワンランク上の水まわり空間を演出できます。海外商品のメンテナンスでもTOTOが対応するので安心。
大洋金物 Tform	東京都港区南麻布3-3-36 ☎03-3444-8511 www.tform.co.jp/static/tokyo	上質な水回り空間を演出！ ヨーロッパのトップブランドから選りすぐった商品が並ぶショールーム。洗練されたデザインと機能を体感できます。シンプルな浴槽も充実しているので在来工法のバスルームをご検討される方におすすめです。
sanwa company	●東京 東京都港区南青山4-18-16 フォレストヒルズWESTWING B1F ☎03-5775-4763 www.sanwacompany.co.jp/shop/pages/showroom.aspx	キッチンやタイル、洗面ボウル、水栓など幅広い商品を取り揃え価格も安く使いやすい。ネット購入できるので、施主支給も可能。在庫の変動が大きいので要注意。
TOTO	●東京センターショールーム 東京都渋谷区代々木2-1-5 JR南新宿ビル7･8F 0120-43-1010 showroom.toto.jp/index.aspx	システムキッチンやバス、洗面台やトイレが展示されています。住宅設備の見積りも可能！ 土日は混雑するので、スタッフの案内を希望の場合は事前に予約するのがおすすめ。同フロアにYKK APやダイケンのショールームもあり、3社の共同のショールームになっています。
LIXIL	●東京 東京都新宿区西新宿8-17-1 住友不動産新宿グランドタワー7F ☎03-4332-8890 showroom-info.lixil.co.jp/tokyo/lixil_tokyo	首都圏最大級の展示スペースをもつLIXILの旗艦ショールームで豊富な商品を体感できる。リノベーションのイメージづくりから商品選び・見積もりまで幅広く対応可能です。スタッフの案内を希望の場合は事前予約がおすすめ。
ADVAN	●アクア館、本館 東京都渋谷区神宮前4-32-14 ☎03-3475-0194 showroom.advan.co.jp	買い物のついでに気軽に立ち寄れる立地です。タイルや洗面ボウル、水栓など幅広く商品を取り揃え、価格も安くて使いやすい。ネット購入できるので、施主支給も可能。在庫の変動が大きいので要注意。
東京ガス	●新宿 東京都新宿区西新宿3-7-13 ☎03-5381-6000 home.tokyo-gas.co.jp/showroom/tss	最新のガスコンロを実際に点火したり、無料調理体験プログラムで使い勝手を体感できる。ミストサウナや床暖房を体験できるコーナーもあるので、導入を検討中の方は実際に試してみるのがおすすめ。

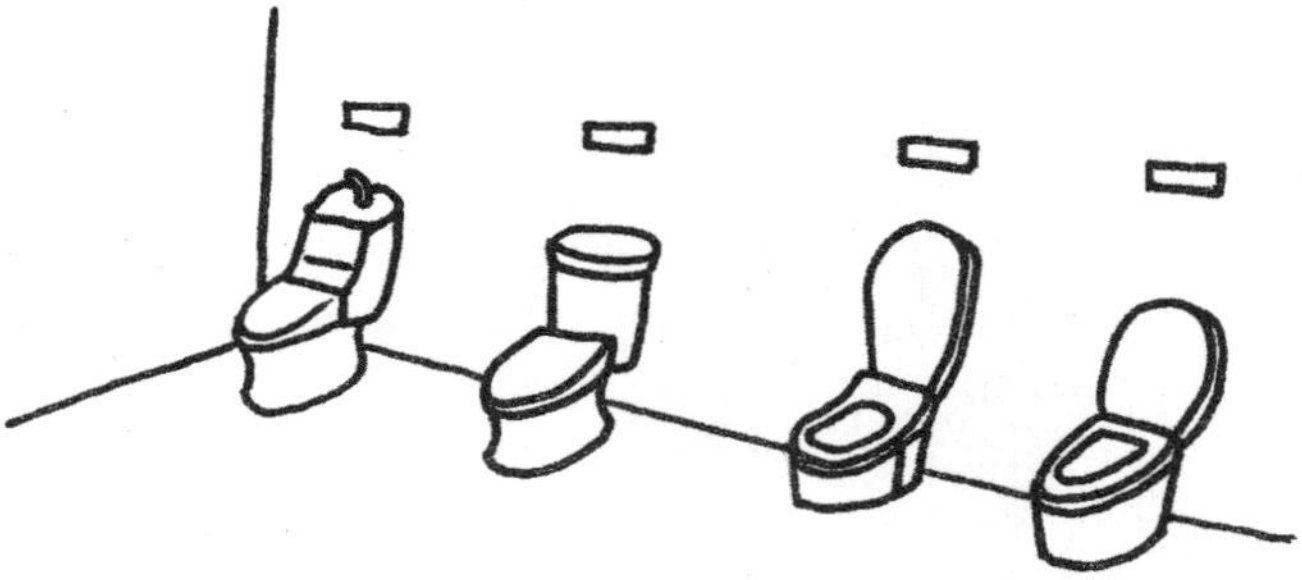

メーカー	住所・URL・電話番号	おすすめポイント
名古屋 モザイク工業	●東京 東京都渋谷区代々木1-21-8 クリスタルハウス ☎03-5350-3111 www.nagoya-mosaic.co.jp/pg500.html	社名のとおりモザイクタイルの品揃えも豊富！ タイルのシミュレーション、オーダーができる。また、サンプルを持ち帰ることも可能です。
平田タイル	●東京 東京都中野区本町1-32-2 ハーモニータワー1F ☎03-5308-1130 www.hiratatile.co.jp	海外製タイルが豊富。グローエなどの水栓の展示もあるので、タイルと水栓を合わせて検討できます。
WALPA	●恵比寿 東京都渋谷区恵比寿西1-17-2 シャルマンコーポ恵比寿1F 101号室 ☎03-6416-3410 walpa.jp/user_data/walpastore.php	輸入壁紙屋さんで店内のディスプレイも素敵！ 一部の壁紙はメートル単位で購入でき、ワークショップ等も開催されているのでDIYも楽しめます。店員さんも親身に相談に乗ってくれるので安心。
カラーワークス	●パレット 東京都千代田区東神田1-14-2 カラーワークス パレットビル ☎03-3864-0810 www.colorworks.co.jp	「色で生活を豊かにする」をコンセプトとし、1488色から選べる「Hip」は、その場で調色、持ち帰りも可能。知識豊富なスタイリストが、個別にアドバイスしてくれるサービスもあり、時間をかけて体感してほしいショールームです。
オスモカラー	●東京 東京都新宿区西新宿1-20-2 ホウライビル11F ☎03-6279-4971 www.osmo-edel.jp/showroom/#tokyo	床材のカラーならオスモカラー！ フローリングの色合いでお部屋の印象も変わります。塗装サンプルを見ながらイメージが膨らみます。ショールームは、日曜、祝日休みですが、土曜日は事前予約で対応可能なので忙しい方も安心。
ギャラップ	●中目黒 東京都目黒区青葉台3-18-9 ☎ 03-5428-5567 ●イースト 東京都江東区富岡2-4-4 1F ☎03-5639-9633 www.thegallup.com/new/public_html/index.html	センスの良いパーツが揃う！ アイアンやアンティークのパーツが揃うのでDIYにもってこいです。部屋のポイントになるお気に入りを見つけてみてはいかがでしょう。
Hammock2000	東京都世田谷区世田谷1-38-4-101 ☎03-3428-8182 www.hammock2000.jp/showroom	最上の乗り心地を追求したハンモック！ ショールームでは試乗もできるのでオリジナルのカラーパターンからお気に入りを探してライフスタイルに取り入れてみてはいかがでしょう。

家づくりを盛り上げるパーツカタログ

リノベーションにおすすめだったり、ちょっと珍しかったり、
見るだけでわくわくするようなパーツたちをご紹介します。

洗面ボウル

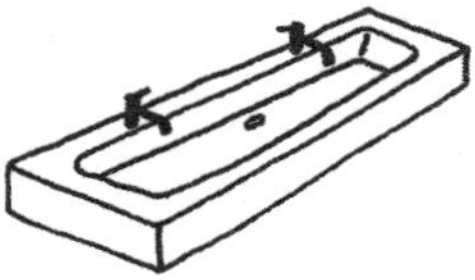

もう忙しい朝に洗面台の前で
喧嘩することはありません。

ゆで卵のように白くてコロンと
丸くてかわいらしい。

天板とボウルが一体で継ぎ目が
ないのでお掃除も楽々です。

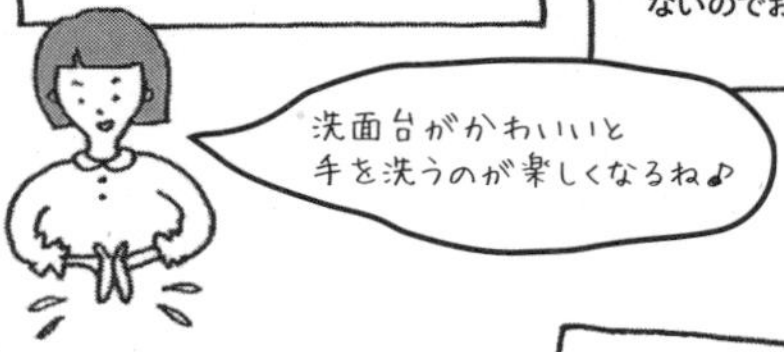
洗面台がかわいいと
手を洗うのが楽しくなるね♪

水栓

フグみたいに膨らんでるけど、
決して破裂寸前ではありません。

背高のっぽの水栓。
床からスゥーッと
立ち上がります。

宇宙船みたいな
ガラスの円盤から
水がこぼれ落ちてきます。

キッチンは明るく楽しい気分で
毎日の料理ができるようなタイルがいいわ

タイル

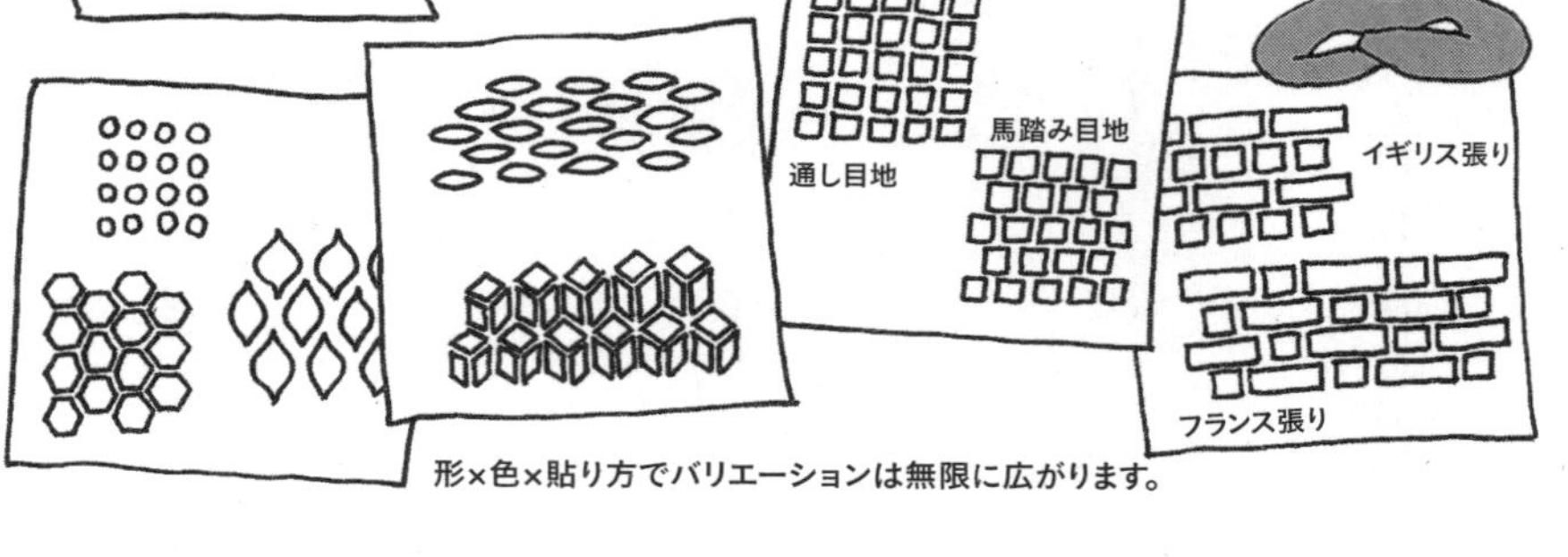
通し目地
馬踏み目地
イギリス張り
フランス張り

形×色×貼り方でバリエーションは無限に広がります。

スイッチ

男心をくすぐるメカニカルな
アルミのトグルスイッチ。
陶器製の白いアメリカン
スイッチは、無駄にパチパチと
ON/OFF切り替えちゃいそう。
角にカーブがなくスッキリと
無駄のないデザイン。

照明

照明は、器具そのもののデザインだけでなく光の色も空間演出の要！

ドアノブ・レバーハンドル

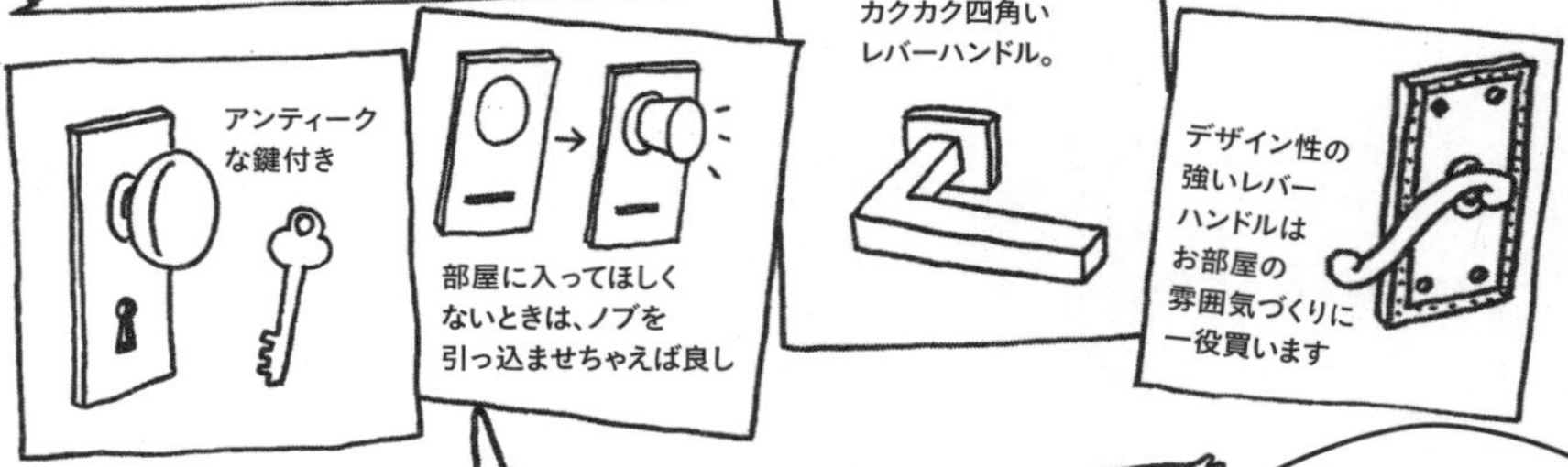
アンティーク
な鍵付き
部屋に入ってほしく
ないときは、ノブを
引っ込ませちゃえば良し
カクカク四角い
レバーハンドル。
デザイン性の
強いレバー
ハンドルは
お部屋の
雰囲気づくりに
一役買います

素足で歩きたくなる
フローリングがいいな〜

フローリング

乱尺張り
ヘリンボーン
張り
市松張り

column:04

家づくりの想像が膨らむお役立ちサイト

インターネットを使えば、建築やインテリア関連の情報はいくらでも入ってきます。しかし、あまりに情報が多すぎて、逆に「使えるサイト」を探すのが難しい面もあるかもしれません。
ここでは、エコデコがとくにおすすめする、イマジネーションを広げてくれるサイトをご紹介します。

◆写真共有サイトを利用

Pinterest www.pinterest.com
クリップしやすく、海外のインテリアを参考にしたい人はとても便利に使うことができます。圧倒的に画像の数が多いので、イメージ別、色別にクリップするなどして、自分が使いやすいようにするといいでしょう。

Tumblr www.tumblr.com
ハッシュタグでinteriorとかkitchenとかキーワードを入れると、関連画像がたくさん出てきます。建築、インテリア関係のアカウントをフォローして投稿を見ると、つねに新しい画像にふれられます。

Instagram instagram.com
写真共有サイト。自分の好みに合う、おしゃれなライフスタイルの人をフォローして楽しめます。

◆スクラップする

Evernote evernote.com
ネットの参考ページのスクラップにリンクが自動で貼られたり、タグで分類できたり、いろいろと便利です。

◆とにかく見て想像する

OPENERS openers.jp
ファッションやカルチャーなど幅広い情報を扱い、建築のトレンドなどもわかるサイトです。

dwell www.dwell.com
海外の人たちのスタイリッシュな家やライフスタイルを写真と解説で楽しめます。部屋別のデザイン例も参考になります。

sharedesign sharedesign.com
デザインの優れた家具、雑貨、建築素材などをカタログ的に楽しめるサイト。それらが実際に使われたインテリアの事例も載っていて、いろいろとヒントが得られそうです。

HITSPAPER antenna7.com
読者にクリエイティブなインスピレーションを与えることに特化したwebマガジン。アート・カルチャー関連の情報が充実しています。

STEP 5 | DIYのこと

家づくりが楽しくなるDIY

リノベーション工事が始まったら、あとはプロにおまかせ。もちろんそれでもいいのですが、お客様が自らリノベーションに参加することも可能です。

セルフリノベーション……つまりDIYです。

DIYにはリノベーションのコストを抑えられるというメリットがありますが、それに加えて、より深く住まいづくりにコミットできるという良さがあります。

経験した人からは、ほぼ例外なく「自分の手が加わっていると思うと、家への愛着が増したように思う」という声が聞かれます。

また、DIYのノウハウがあれば、家ができた後も自分の手で家を進化させ続けることができる、これも魅力のひとつです。

たとえば、塗装仕上げの壁が何年か経って傷ついたり汚れたりしたら、思い立った時に自分で塗り替えることができますね。「リビングにもうひとつ棚が欲しいな」と思ったら、自分でデザインして作ることもできます。

実は、私たちの事務所も古い物件をリノベーションしたものなのですが、そこでも随所にDIYを取り入れています。

DIYでは難しい電気工事と壁を立てる工事は職人さんにお願いし、自分たちでできる、タイルカーペットを剥がすことや、壁の塗装はスタッフ全員で行いました。

入居時には仕事ができる最低限の環境を作り、入居後には、配管がむき出しになった天井にアミを張ったり、観葉植物を揃えたり、受付台を作ったり、既成の家具をアレンジして収納を兼ねたパーティションや物入れを作ったりして少しずつ居心地の良い空間へと進化させていきました。

工夫の甲斐あってリーズナブルな予算で収まりましたが、事務所にいらした方々はみんな「えっ、これも手作り？　これも？」とビックリされます。

これからもより快適で仕事がしやすい空間をつくるために、そして節約のためにDIYを上手に取り入れていく予定です。

入居当時のエコデコオフィス

私たちのDIY

ここではエコデコのお客様とスタッフのDIY事例をいくつかご紹介します。

横浜石川町のIさん

ご夫婦二人暮らしのIさんは、「目の前にある元町商店街や中華街よりもホームセンターに足を運ぶことのほうが多い。DIYの便利グッズにもすっかり詳しくなった」というくらいDIYにハマっていらっしゃいます。

玄関スペースに土間を設け、そこをご主人の書斎としても活用されていますが、躯体の壁にご自分でフックを付けるなど、こまめに手を加えて楽しんでいらっしゃるなとスタッフとともに喜んでいたら……。

入居後1年弱で、ご主人自ら、玄関土間の壁を塗装されたとご連絡をいただきました。深みがあり大人っぽい「バーガンディレッド」という色が黒い土間によく映えています。

壁を塗装するにあたりIさんは、入念にサンドペーパーをかけ、ハケで二度塗りされました。とても大変な作業なのですが、リノベーション後もカスタマイズ

を続けられ、新居を楽しんでいらっしゃるご様子が伝わってきます。

浅草のKさん

Kさんは、エコデコの賃貸リノベーション部門「もぐら不動産」の仲介で、事務所兼自宅用の物件に入居されました。普通は賃貸だとなかなか手を加えられないものですが、交渉次第でリノベーションが可能な物件もあるのです。

KさんがDIYを敢行されたのは事務所部分の天井と壁です。

天井の蛍光灯を外して配線ダクトレールに変えて照明を取り付け、壁面は自ら好みの色にペイント。

「床張りは自力でやるか悩んだものの、後々のことを考えるとやはりプロにしっかりやってもらったほうがいいと思い、床材だけを用意して職人さんに工事をお願いした」とのこと。

結果的に床面が特殊な変形部屋であることがわかり、職人さんも苦労されていて、「自分でやらなくて正解」だったそうです。

現在はさらに改装が施され、味わいのある木製の家具に大ぶりなエアープランツがアクセントになった、Kさんらしい空間が出来上がっています。

ご職業はニットアクセサリーのデザイナーさんなのですが、たまたま店舗用と

Kさんの事務所兼自宅

してもOKな物件だったことから、同じ場所に金曜と土曜のみお店もオープンしていらっしゃいます。

「賃貸でこれだけ改装が楽しいので、持ち家だったらもっと楽しいでしょうね」と、早くも次の家づくり（？）に思いを馳せていらっしゃるようです。

エコデコスタッフ（役員）・天井邸

リノベーション実例集［P134］にも登場している天井邸は、入居後の今もマイペースでDIYが進行中です。

エリアは寝室&子供スペース、ご主人のスペース、バルコニーの3ヶ所が中心。このうち寝室&子供スペースの壁は、引っ越し前にペイントが完了しています。

こちらの壁は白とブルーの濃淡、計3色で塗り分けていますが、ブルーの濃淡の部分についてはリフォーム用品のサイト「壁紙屋本舗」から塗料のサンプルを11種類取り寄せ、その中から好みにピッタリの色を見つけました。

ちなみに塗装作業を担当したのはご主人なのですが、時間は3日ほどで仕上がったとのことです。

「養生を丁寧にすればきれいにできるし、ちょっとくらいはみ出しても、自分たちで塗ったと思えば気にならない」と語る天井。

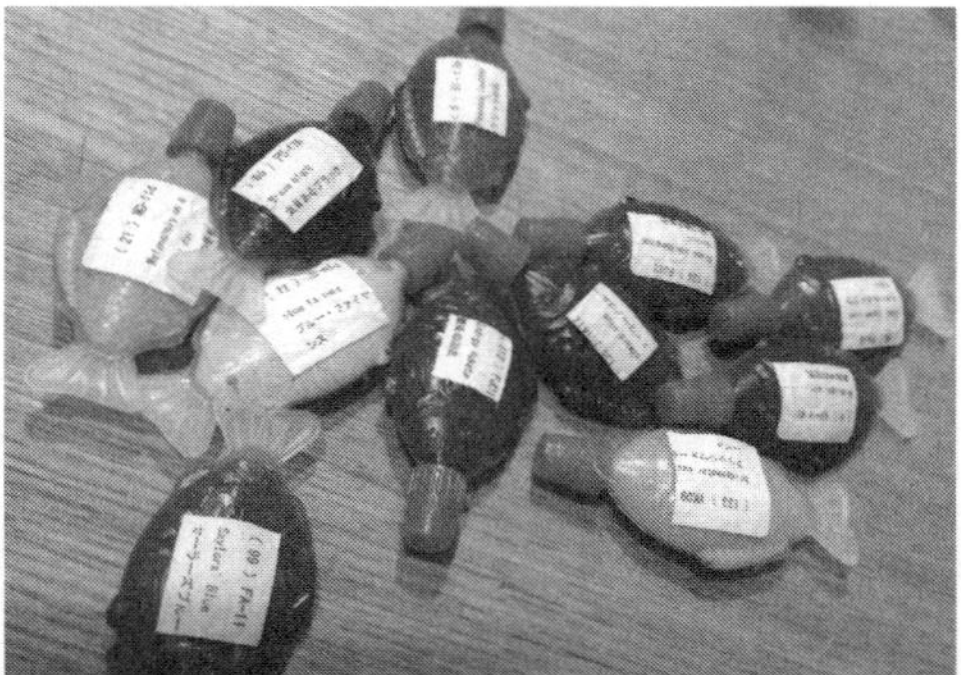
壁用に取り寄せた塗料のサンプル。ひとつ100円で購入可能

［＊1］
詳細は、エコデコのスタッフBLOG『東京リノベーション事情』の「スタッフ自宅リノベ日記DIY編1・壁で遊ぶ」「スタッフ自宅リノベ日記DIY編2・溶接体験」というタイトルの記事で読むことができます。

最近では鎌倉まで足を運んで溶接の体験教室に参加し、鉄を使った木の壁掛け棚を作りました。

私も一緒に作業を行いましたが、かなり頑張ったかいがあって満足できるものが仕上がりました。途中で思いついて子供のイニシャルをあしらった完全オリジナルデザイン、これもDIYの醍醐味といえるでしょう。

さらに天井は、体験教室の会場で見かけたベンチに一目ぼれ。「これと同じものをうちのルーフバルコニーに置きたい」と、あと4回教室に通って自作することを決めました。この本が出る頃には完成しているはずです。[*1]

エコデコ設計スタッフ・岡野邸

エコデコのオフィスのDIYでも指揮をとってくれた岡野は、自宅でも時間を見つけてDIYにいそしんでいます。

最近の力作は壁面に作り付けた本棚。通称「ガチャ柱」と呼ばれる可動棚のパーツを壁面にビスで固定し、棚を取り付けたものです。

壁の表面ではなく、後ろにある木枠でないと荷重を支えられないので、まずは下地を探す道具でどこに木があるかを探してマーキング。壁面にビスでパーツを取り付けました。

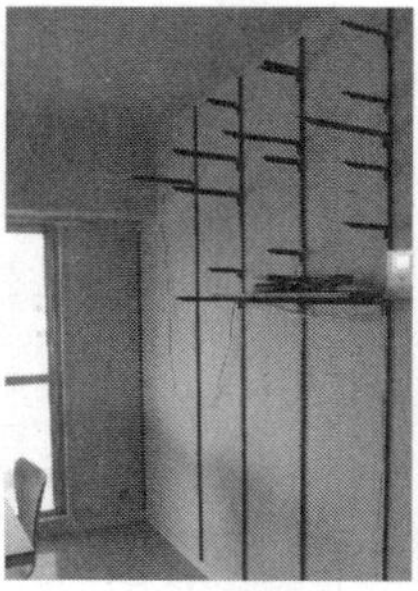

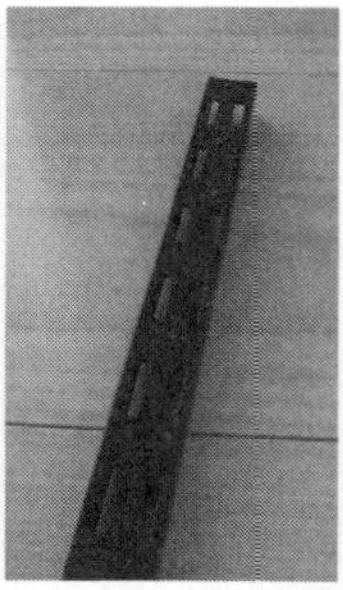

右／岡野邸の本棚に使用したガチャ柱　左／木の位置をマーキングした上に、ガチャ柱をビスで取り付ける

鉄を使った木の壁掛け棚

棚板は、ホームセンターで入手した板を木部に塗装できるオイルで染色し、紙ヤスリで少しエイジングを施しました。その後、板にブラケット金物を取り付けて設置すれば完成です。

本や小物を飾って楽しめる、イメージ通りの空間が出来上がりました。

本人曰く、「自分でやってみていつも思うのは『やっぱりプロの職人さんはすごい』ということですね。現場で正確かつスピーディに作業している姿を見ているので、ＤＩＹをやるとそのすごさを改めて実感してしまいます。でも自分の部屋を自分でちょっとずつカスタムしていくのも暮らしの醍醐味ではないでしょうか。なので、下手でも楽しく！　皆さんにもＤＩＹで家づくりを楽しんでほしいです」[＊2]。

右／塗装に使用したのはワトコオイル　左／オイルを2度塗りした板は、ベランダでよく乾燥させる

[＊2]
詳細は、スタッフBLOG『東京リノベーション事情』の「DIYその1」「DIYその2」というタイトルの記事で読むことができます

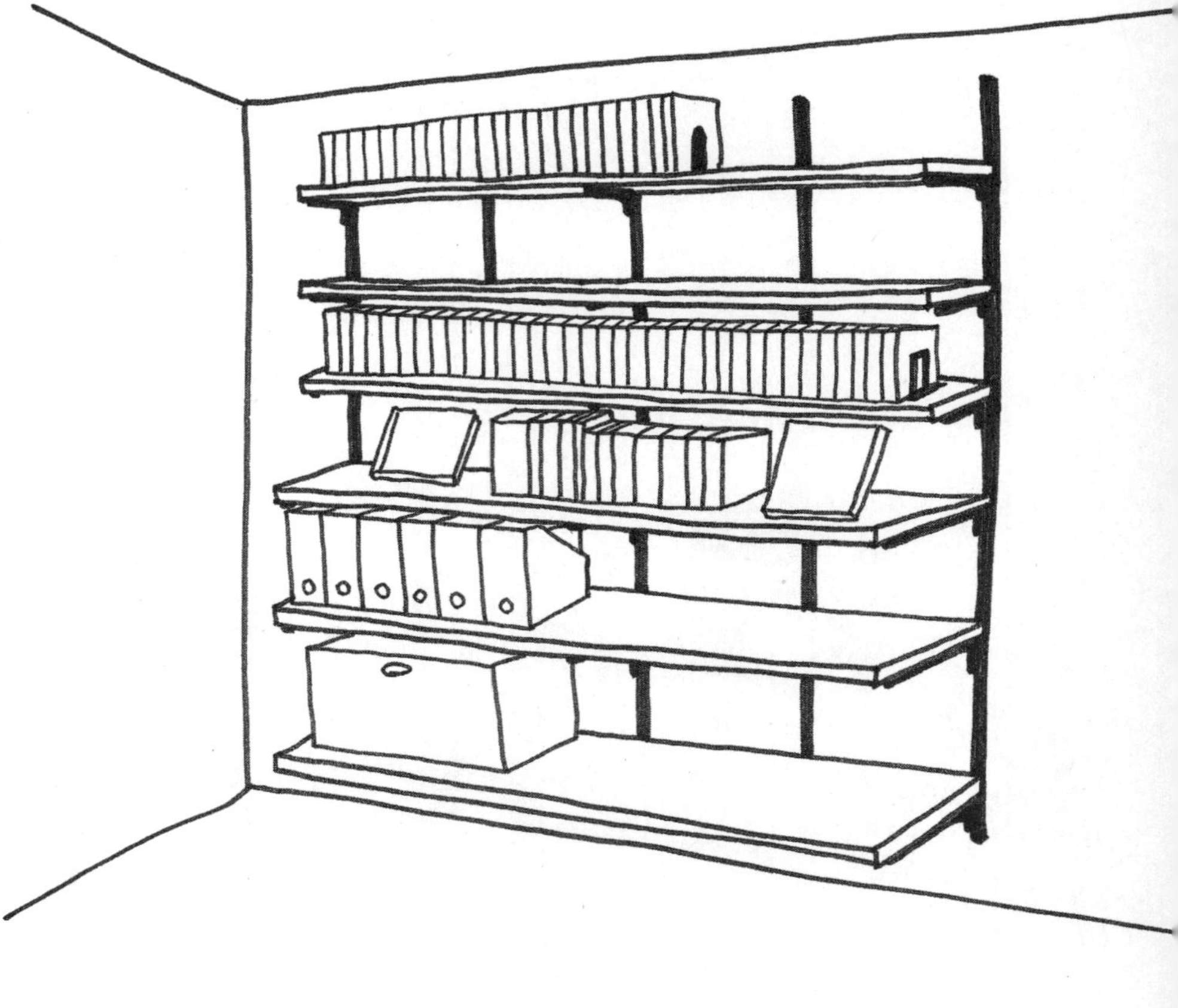

簡単ＤＩＹのすすめ

「ＤＩＹのメリットはわかるけれど、難しそう」「なんだか億劫だなぁ」と、二の足を踏んでいる方もいらっしゃるでしょう。

そういう場合は、ごく簡単なところから試してみるのがおすすめです。

あまり手間をかけずにできるＤＩＹとしては、次のようなものがあります。

①背板を付ける（オープン棚に色付きや異素材の背板を付けると印象がガラリと変わります）

②色を塗る

③脚を付ける（天板に既成の脚を付けるだけでもＯＫ）

④キャスターをつける

⑤ファブリックを替える（椅子の布地やランプシェードなど）

では初心者にもできる簡単なＤＩＹの一部をご紹介しましょう。

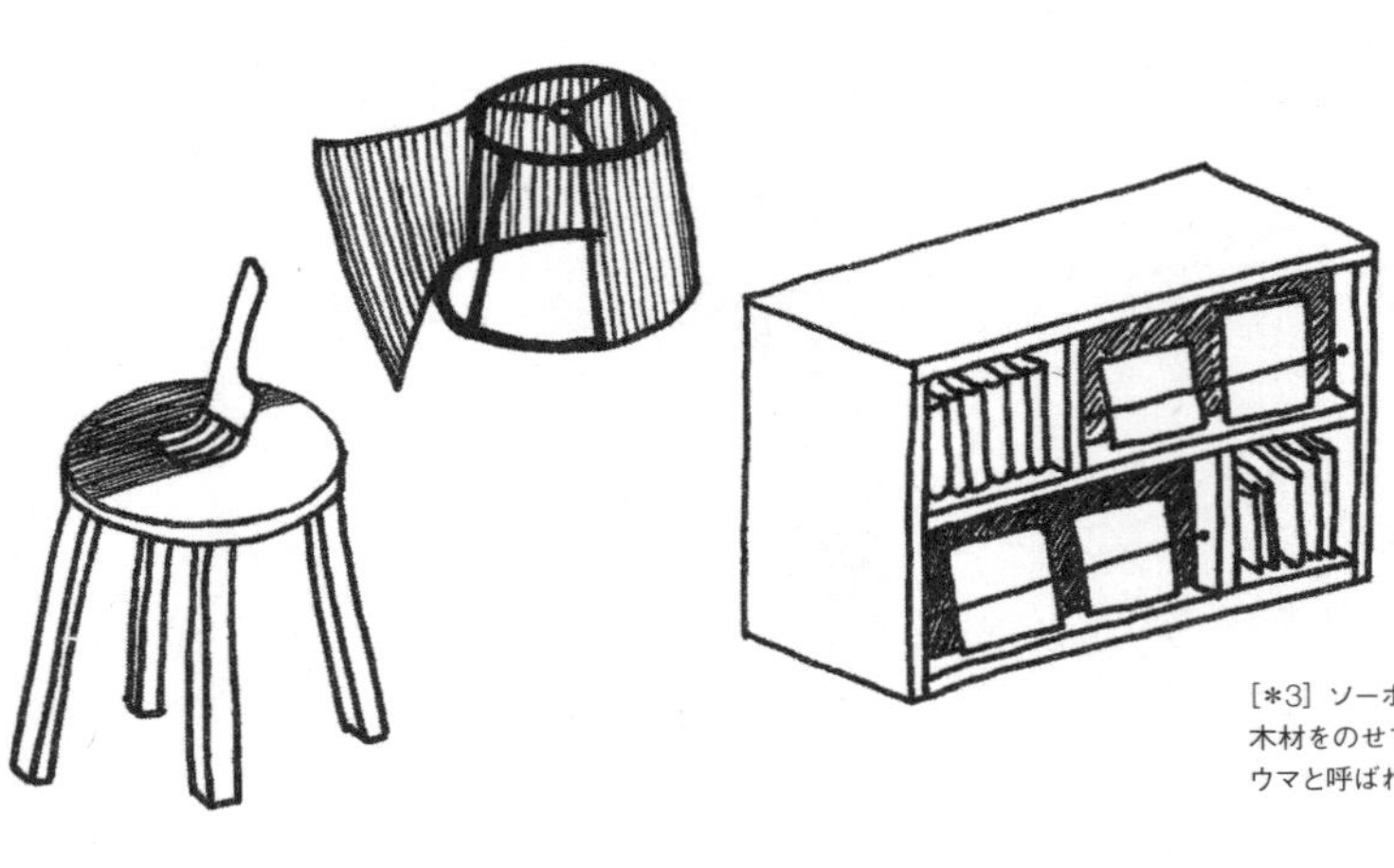

［＊3］ソーホース
木材をのせて作業するための台。ウマと呼ばれることも多い。

基本の箱

初心者の方はまず、簡単な「箱」を作ってみましょう。電動ドリル、それにビスとボンドを使えば簡単です。

この箱さえできれば、アイデア次第でいろいろなものが作れます。既製品のソーホース[*3]などの上に置けばデスクになりますし、キャスターをつければテレビ台やテーブルにも……というふうに、オリジナリティあふれる使い方が可能です。

ちなみに私たちの事務所では、ちょっとした応用として、箱を組み合わせたものにキャスターをつけてスツールとして使ったり、箱＋木材でハンガーラックを作ったりしています。

図面があれば、さらに簡単に作れますので、ウェブサイトからダウンロードしてチャレンジしてみてはいかがでしょうか。

椅子の座面の張り替え

手持ちの布張りの椅子の座面を、別の布に張り替えるだけで、がらりと印象が変わります。個性を強めて部屋のアクセントにすることもできます。

箱＋木材で
ハンガーラックに

箱を組み合わせて
スツールに

こちらのURLから図面をダウンロードできます。
URL：www.ecodeco.biz/book/download.html

●基本の箱の作り方

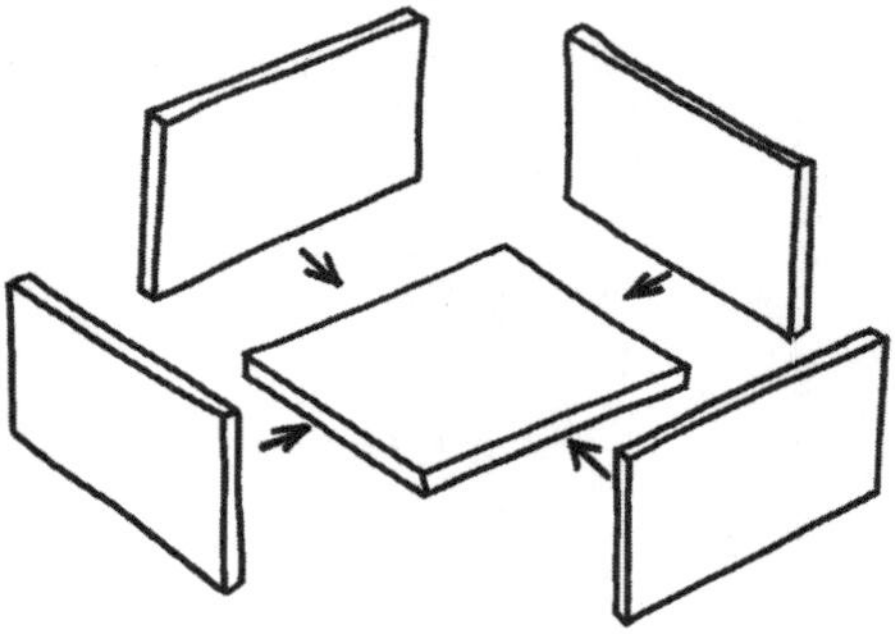

❶ 接着剤で板をくっつけて

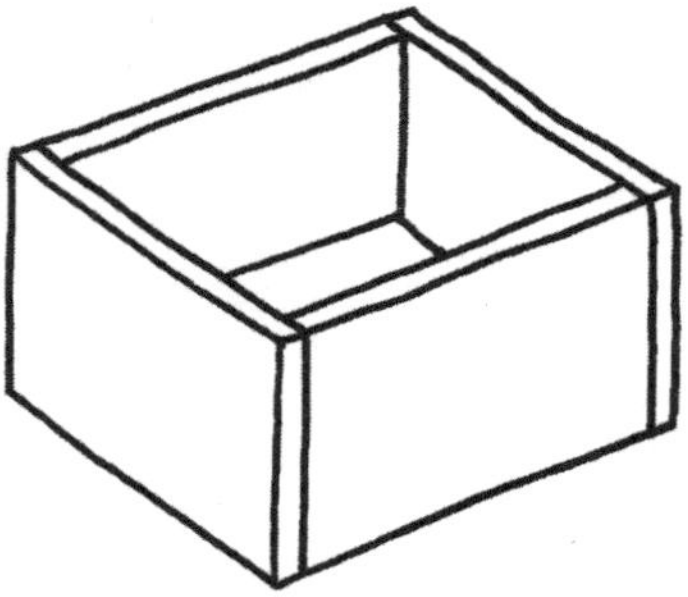

❷ 箱状にする

●椅子の座面の張り替え

❶ 座面を張り替えたいイスを選ぶ

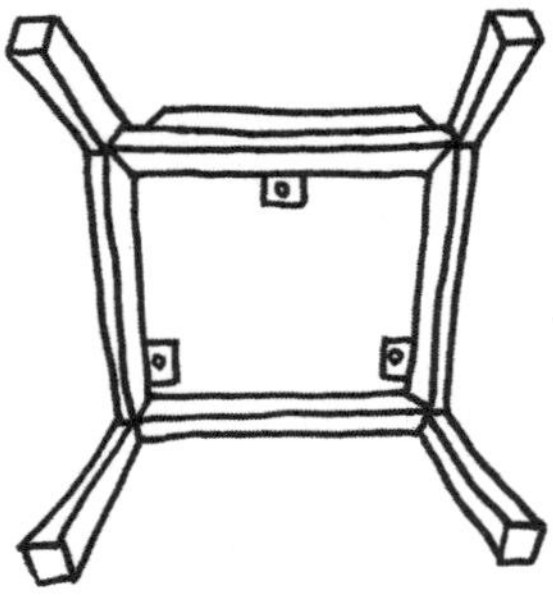

❷ ひっくり返し、
座面が取り外せるタイプか確認

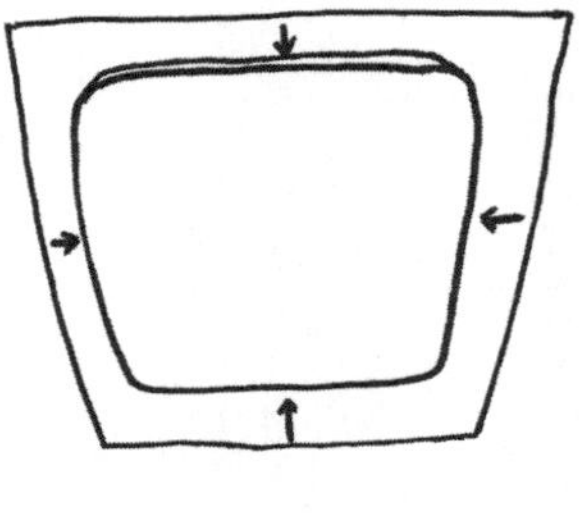

❺ 剝がした布と同じ大きさに切った布の
端を内側に折る

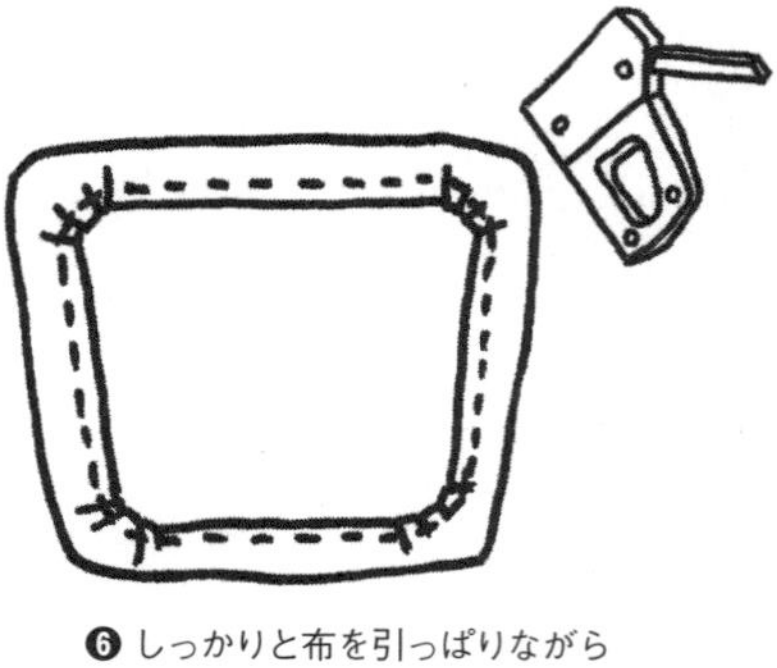

❻ しっかりと布を引っぱりながら
タッカーで留めていく

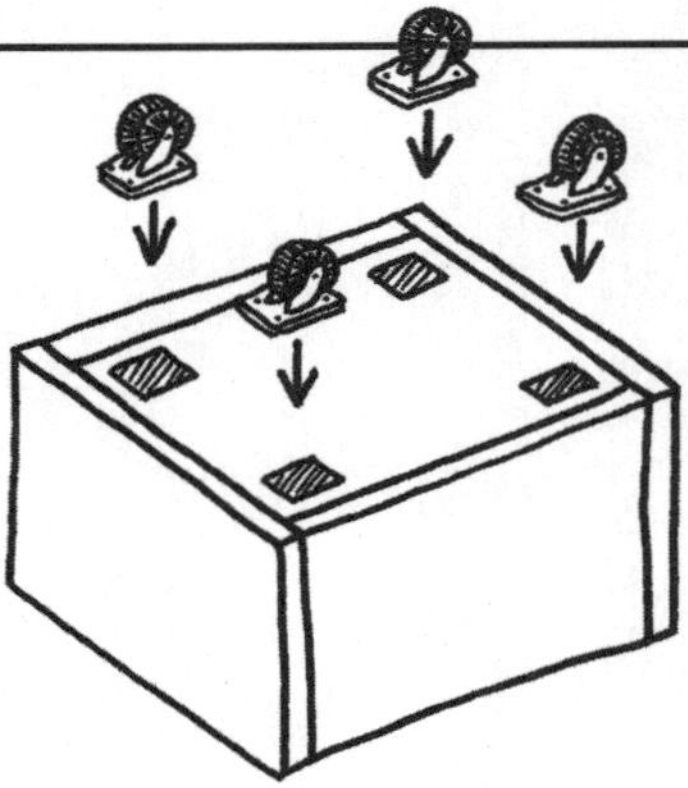

❸ ひっくり返してキャスターをビスで取り付け

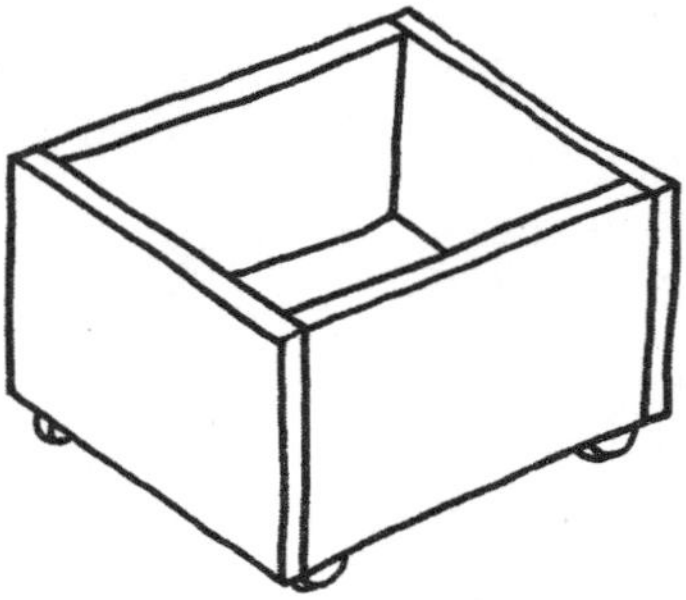

❹ 元の向きに戻して完成

❸ ビスを外し、座面を取る

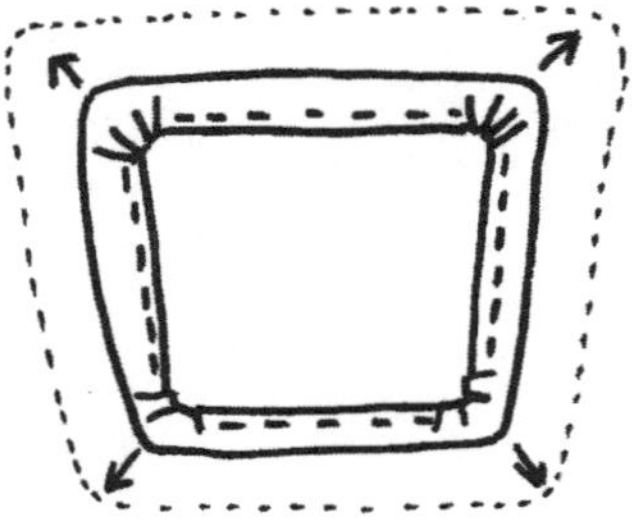

❹ タッカーで留められている布を剥がす

❼ 座面を戻し、ビスで留め直す

❽ 完成

既製品を活かしてDIY

既製品の家具は、シンプルなものを選べばインテリアを邪魔しませんが、そのまま使ってもあまり愛着がわかないという人も多いでしょう。

無難にまとめるのはつまらない、もっと個性を出したい！　というこだわり派の人なら、ぜひDIYでひと手間加えてみてはいかがでしょうか。

とくに無印良品やイケアの家具はシンプルなものが多いため応用がきき、初心者でもDIYしやすいと思います。

私たちの事務所で使っているいくつかの家具も、実は既製品をベースにDIYで仕上げたものです。私もスタッフも「普通じゃ面白くない！」という感覚が強いので、既成品をそのまま使うのは好きではないのです。

部屋の中でも大きな面積を占めるパーティションを兼ねた収納棚は、無印良品の木製オープン棚に、ネットで発注した黒いメラミン製の背板をつけて作りました。

IKEAで買ったアルミ製の小型のオープン棚にも、ホームセンターで調達した同じ素材の背板をつけて統一感を出してあります。

こうしたＤＩＹなら、週末の空いた時間を使って十分できるので、ハードルは低めだと思います。

こだわりがあってやりたいことはいろいろあるけれど、時間と手間、予算はなるべく抑えたいという方は、こんな既製品のアレンジにもぜひ挑戦してみてください。

IKEAの小型オープン棚にアルミの背板をつけた

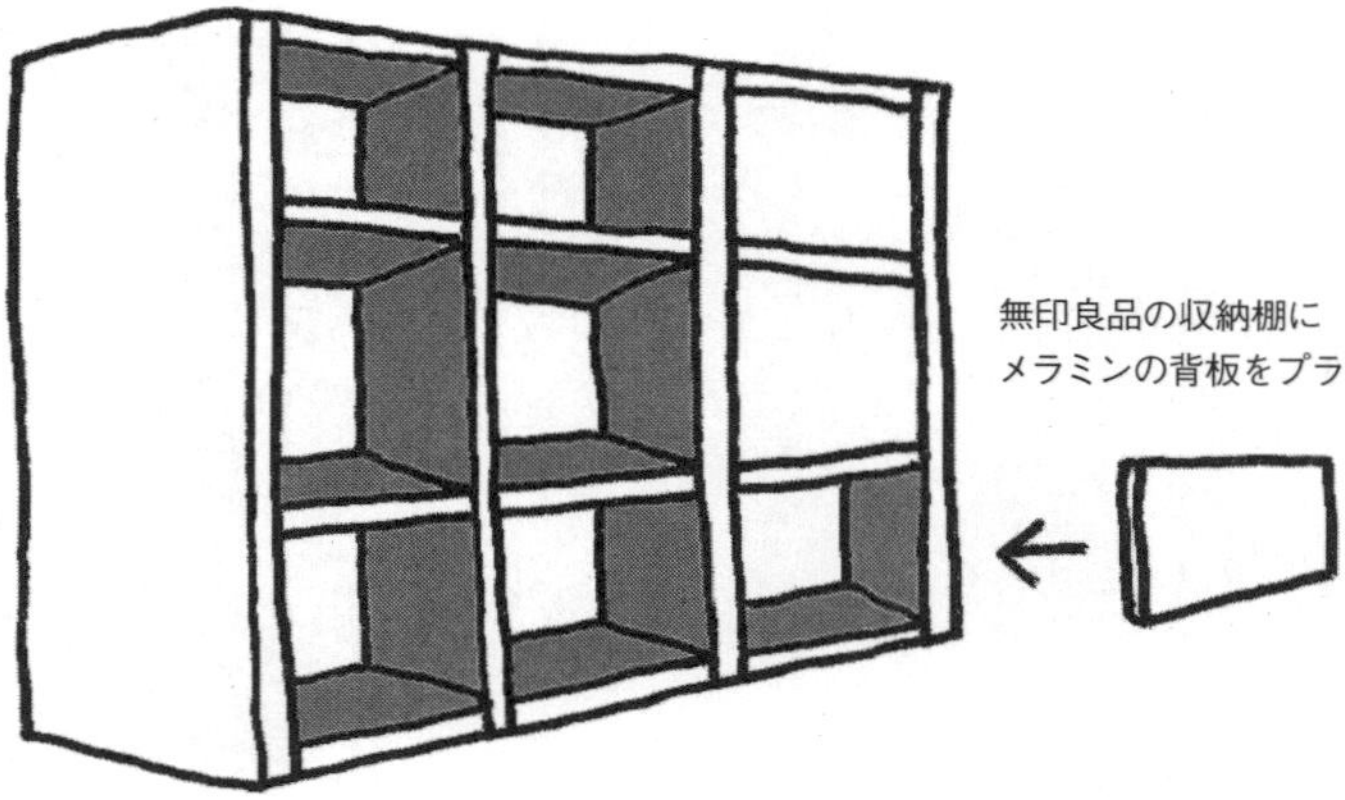

無印良品の収納棚にメラミンの背板をプラス

DIYに役立つ道具

既製品に頼らず、材料から調達する方法でも、シンプルな形のものなら初心者でも十分自力で作れます。

DIYの道具は、基本的にホームセンターで調達できるもので十分です。電動ドリルはちょっとしたものを作るのに本当に便利なので、会社に常備しています。

パーツにこだわりのあるような人は、よりマニアックな専門店で探してみてはいかがでしょうか。

「キークランプ」というイギリス生まれの継ぎ手は、六角レンチで締めるだけでどんどんつなぐことができ、テーブルの脚を作ったり、本棚を作ったり、ホームエレクターのように使うこともできます。

有孔ボード（穴がたくさん空いた板）を壁に付けるだけでも、ずいぶんいろいろなことができます。そこに絵や写真を飾ったり、フックや棚をつけて見せる収納にするなど、住む人の個性を生かせます。

セルフリノベーション＝ＤＩＹについてのお話、いかがでしたか？

たとえ壁一面だけでも、小さな家具ひとつでも、より自分好みに快適に。そんな想いが住まいを進化させ、もっともっと気持ちのいい暮らしを実現させていくのだと思います。

「これなら自分にもできるかも」と思われた方、まずは挑戦してみてくださいね。

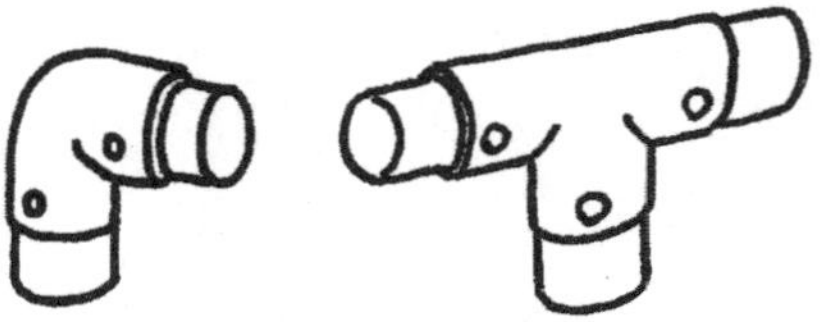

パイプをつなぐための便利なパーツ、キークランプを使えば、パイプハンガーなども簡単につくれます。

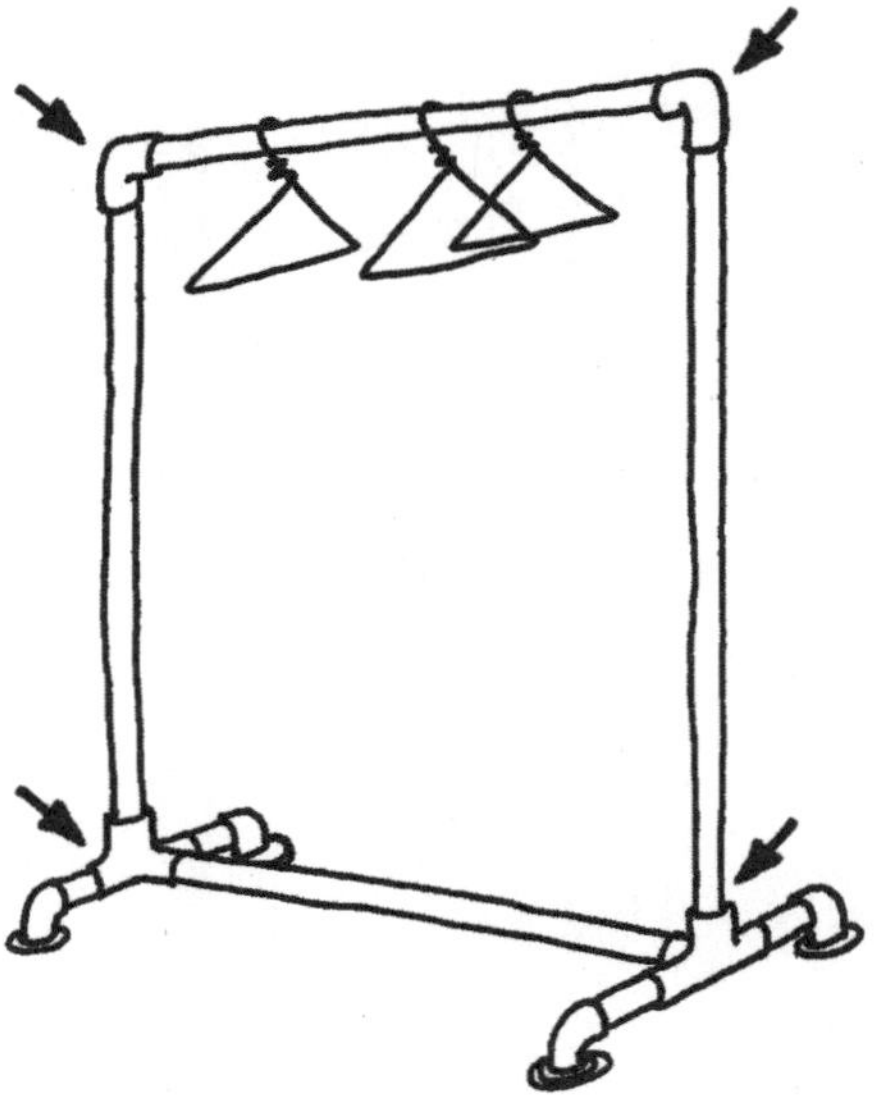

有孔ボードは見せる収納に便利。玄関、キッチン、書斎ほか、場所を問わず活用できます。

おわりに

最後までお読みいただきありがとうございました。

私たちがお伝えしたい想い。

それは、「中古を買って、リノベーション」という暮らし方を通じて、もっと自分に正直になり、もっと自分の「心地いい」に着目した、ライフスタイルをみなさまに知ってほしいということです。

エコデコの門を叩いてくださるお客様は、私たちと同世代の30代〜40代のお客様がメインです。

特に、私たちの世代は、バブルの恩恵も知らず、就職活動を始めた頃は超氷河期。

年金の問題や親の介護の問題等、根拠なく明るい未来像を描ける世代ではありません。

社会人になってからは、急速なインターネットの普及で、スピードと変化についていかなければいけない過酷な日々。

そんな時代を生き抜いている私たちだからこそ、もっと自分の心地いい感覚、自分らしさに正直に生きることが大事なのではないかと思います。

毎日の生活を営む住まいだからこそ大切に、もっと自分らしく過ごせる場として充実させる。そうすれば、私たちの人生は、より生き生きとした豊かなものになっていくでしょう。

今回の執筆にあたっては、「エコデコに相談できなくても、リノベーションが楽しめる参考書を作りたい」という想いもありました。

私たちの生活に大きく密着しているはずの住まい。

もっと気軽に話したい。もっと気軽に相談したい。

そんな時、あなたの側にちょっと寄り添って、自分らしい暮らしができるようサポートする。本書がそんな専属トレーナーのような存在になれればと願っています。

この仕事をしていると、「他社で物件は買ったけれども、不動産担当者にリノベーションや住宅ローンの知識がないので困っている。住宅ローンの組み方を含めてリノベーションの相談をしたい」というお客様が、まだまだ多くいらっしゃいます。

また、不動産業界と建築業界の間にも大きな溝があり、残念ながら、不動産や資金計画のことがわかる設計者が少ないのも事実です。

エコデコのスタッフのほとんどが、この業界の縦割り構造に疑問を抱き、「不動産と設計のスペシャリストになりたい」と願って入社した人たちです。

せっかく素敵な暮らし方の提案、リノベーションが根づいたとしても、業界のプレイヤーが育たなければ、大きな広がりは望めません。

だからこそ私たちは、設立当初から「リノベーションを知ってもらうための活動」に力を注いできました。

リノベーションという暮らし方が広まって来た今、私の次のミッションは、不動産業界、建築業界を巻き込んで、リノベーションの素晴らしさや、ノウハウ等を伝えていくことだと考えています。

不動産業界、そして建設業界がお互いに垣根をなくし、両方の知識を併せ持つ人材、つまり、不動産業や建築のスペシャリストであり、かつリノベーション全般のジェネラリストの育成を行うことが業界の発展につながり、それによって、自分らしい暮らしを実現できる人々が増えていくものと強く信じています。

そう、私たちが追い求めているのは、単に不動産を売買したり、建築設計をするだけではなく、住環境を柱とした新しいライフスタイルの提案なのです。

最後に、この本の執筆にあたり、リノベーションの事例等を提供してくださったエコデコのお客様をはじめ、一緒にプロジェクトを作り上げている芦沢啓治建築設計事務所、田中裕之建築設計事務所、ｎＮ ｓｔｕｄｉｏ、弥田俊男設計建築事務所、ジェネラルクリエーション、窪田建築都市研究所、コヤマアトリエ、ＴＡＮＫ、ＹｅＴ、森本建工、ＫＥＦＩ／ＷＯＲＫＳ、成田工務店、椎名建設、ｂｕｔｔｅｒ、ファインアーツ、シームレス、栄建、日建ビルド（順不同）のみなさま。忙しい業務の合間をぬって執筆サポートや資料集めに奔走してくれたエコデコスタッフの天井理絵、岡野真弥、岡田昌彦、桑山直子、長岐靖子、田中里加子。カメラマンの矢崎さん。そして東洋出版の秋元さん。オフィスKの長谷川さん。出版にあたりいろいろアドバイスいただいたメディア・サーカスの作間社長。みなさんの協力があって本書を完成させることができました。本当にありがとうございます。この場を借りて御礼申し上げます。

谷島香奈子

谷島香奈子 やじま・かなこ
株式会社Style&Deco 代表取締役。
1978年生まれ。佐賀県出身。2006年10月「不動産」と「デザイン」で新しい暮らしを創造する株式会社Style&Decoを設立。業界に先駆けて、リノベーション向きのリフォーム前の物件、居住中の物件のみの紹介を行うEcoDeco（エコデコ）を立ち上げ、リノベーション・ワンストップサービスをスタート。プライベートでは男女双子のママ。

ビギナーのための賢《かしこ》い家《いえ》のつくり方

中古《ちゅうこ》を買《か》って、リノベーション。

発行日	2014年11月13日　第1刷発行 2016年4月5日　第2刷発行
著者	谷島香奈子《やじまかなこ》 ＋ EcoDeco《エコデコ》
写真	矢崎貴大
イラスト	桑山直子（Style&Deco）
デザイン	小久保由美（スタジオ・ポット）
編集協力	長谷川恵子（オフィスK）
協力	作間由美子（メディア・サーカス）
発行者	田辺修三
発行所	東洋出版株式会社 〒112-0014　東京都文京区関口1-23-6 電話　03-5261-1004（代） 振替　00110-2-175030 http://www.toyo-shuppan.com/
編集	秋元麻希
印刷	日本ハイコム株式会社（担当：大家進）
製本	加藤製本株式会社

ISBN 978-4-8096-7756-4
定価はカバーに表示してあります